合理的配慮から支援計画作成まで

学校における場面緘黙への対応

高木潤野

学苑社

はじめに

本書のねらい

I なぜ「学校で」なのか

(1) 場面緘黙児は話せる

　話す力があるのに、学校では話せなくなってしまう。学校で場面緘黙状態の子たちを目にするとき、まず注目するのは「話せない」「話さない」という部分だろう。もちろん話せないことは本人にとっても教師にとっても困ることだし、なにより他の子はみんな話せるのだから、「話せない」ことに注目するのは当然ではある。しかし、「話せない」ことにばかり目を向けていると、2つの大事なことを見失ってしまう。

　1つ目は、場面緘黙児は「話せる」ことである。場面緘黙児の多くは家でよく話している。保護者の主観的な印象も多分に含まれるが、「うるさいくらいよく話す」「ずっとしゃべっている」という姿が、保護者の口から語られることは少なくない。家だけではない。公園や習い事で話している子もいる。

　筆者のところにも多くの場面緘黙児が相談に来る。初めから話せる子は多くはないが、それでも中には会ったときから会話ができる子もいる。最初から話せなくても、大半は慣れてくれば筆者とも話ができる。筆者と話せなくても、大学生のお姉さんとであればもっと話せる。悩み相談や恋バナをしていることもある。場面緘黙児は本来、話せるのである。

(2) 学校で話せない

　しかし、相談にくる子たちが大学内で話せるようになっても、問題の解決にはならない。彼らは依然として「場面緘黙児」のままである。家ではうるさい

くらいによく話していても、大学生のお姉さんに友人関係の悩みを打ち明けていても、学校では話せなくなってしまうのである。

　だから、場面緘黙は「学校で」治す必要がある。もちろん学校以外にも話せない場所はある。子ども会や塾、習い事など、学校で話せなければこれらの場所でも話せないかもしれない。しかし、学校で話せないことに比べたら、他で話せないことの悩みは相対的に小さい。子ども会や塾なら行かないこともできるが、学校に行かないことはなかなか許してもらえないから、強制的に「話せない」という状態に晒（さら）されることになる。何より、学校で友だちと遊ぶときに話せないのが困る。

（3）その人らしさを発揮すること

　もう1つの大事なことは、場面緘黙は「話すこと」だけの問題ではないということである。これは、本書が「学校で」に拘（こだわ）る理由でもある。

　筆者は教育学部で言語障害教育を専攻して修士課程まで過ごし、現在の大学に赴任するまでに、特別支援学校や小学校、ことばの教室、中学校で勤務してきた。そしてその間、学校で援助の手が差し伸べられていない何人かの場面緘黙児たちに出会ってきた。その子たちと会って印象的だったのは、話せないことよりも、笑顔がないことだった。

　笑顔がないというのは、その人らしさが出せないということではないかと思う。その人らしさが出せないというのは、「話せない」こと以上に大きな問題ではないだろうか。

　学校教育の期間は長い。ほとんどすべての子が高校まで行くし、幼稚園・保育園から数えれば15年間もある。しかも日本の学校教育には、多くの人が暗黙のうちに共有している価値観が存在している。「誰とでも仲良くすることが望ましい」「友だちはたくさんいることが望ましい」「集団の規範を守ることが望ましい」「社会性を身につけることが望ましい」「コミュニケーション能力を高めることが望ましい」「学校には毎日通うのが望ましい」などである。笑顔を出せない子たちにとって、学校はとても息苦しいところである。

　だから筆者は、場面緘黙の改善の最終的なゴールは、「話せるようになるこ

と」ではなく「その人らしさを発揮できるようになること」だと考えている。そして場面緘黙状態の子たちにとって、学校やそこにある文化、価値観が「その人らしさ」を発揮することを阻害する「社会的障壁」になっている可能性はないだろうか。

（4）日本の場面緘黙は日本の学校で

　わが国における緘黙研究はまだ発展途上である。海外の研究では、1990年代くらいから国際的な学会誌に掲載される論文が増えてきており、知見が蓄積されつつある。他の不安障害や定型発達児を対照群とした研究など、エビデンスレベルの高いものも数多く存在する。また書籍も多数出版されており、検索すれば英語の本を入手することも可能であるし、これらのうちのいくつかは翻訳されてわが国でも出版されている。じっくり読めば場面緘黙についての理解を深める助けとなり、臨床に応用することができる。

　しかし、これらの知見が日本の学校現場での場面緘黙臨床にどの程度役に立つのかには疑問がある。理由の1つとして、場面緘黙には社会的な環境や文化の違いが関わっているためである。日本で翻訳が手に入る書籍を見てみると、McHolmら（2005、日本語版は2007）邦題『場面緘黙児への支援―学校で話せない子を助けるために―』、Sage & Sluckin（2004、日本語版は2009）邦題『場面緘黙へのアプローチ―家庭と学校での取り組み―』、Kearney（2010、日本語版は2015）邦題『先生とできる場面緘黙の子どもの支援』のいずれにおいても、移民や少数民族の家庭やバイリンガル環境の問題が指摘されている。Whelanら（2016）は、ダブリン市内の小児科病院を受診した場面緘黙児の特徴について、対象となった16名の場面緘黙児のうち50%はバイリンガルかマルチリンガルの家庭であったことを報告している。また50%が少数民族であり、43.75%は地理的・社会的に孤立していたという。筆者もこれまで相談を受けた中でバイリンガルの家庭は若干あった。しかし日本の社会環境においては、移民や少数民族が日本における場面緘黙の主たるリスクの1つとまでは言えないだろう。2016年に開催された日本特殊教育学会第54回大会の研究発表を見ても、「移民」「少数民族」「バイリンガル（日本語と手話のバイリンガルを除く）」「難民」

で検索してもヒットする報告は皆無である。

　また、当たり前のことだが海外の書籍は日本の学校教育制度を前提にして書かれていないため、そのまま日本の学校にあてはめて考えることができない。日本の場面緘黙は「日本の学校で」おきているし、日本の学校で治さなければならない。日本で生まれ育って日本の学校を出た人にとって、日本の学校制度や学校文化というのは当たり前すぎるくらいに当たり前のものだろう。初めて会った人同士でも、運動会や部活の話題で盛り上がることができる。この日本の学校制度が、実は世界的にみると必ずしも当たり前のものではないというのは、教育学者など一部の教育の専門家を除けばあまり認識されていないと思う。学級の制度や学校で拘束される時間、1クラスあたりの子どもの人数、「教師」以外の専門職、特別な教育的ニーズのある子どもたちへの特別な支援の対象や方法など、細かく見ていけば国ごとにさまざまである。例えば「運動会」という行事は、世界的にどのくらいの国で行なわれているだろうか。またそれ以上に、集団における規範意識や共同体の在り方、子どもたち自身が感じている文化や人間関係の有り様も異なっている。

（5）場面緘黙を学校で治す

　筆者の所に相談にきているある子は、音楽会が憂鬱である。音楽に力を入れている学校で、金管バンドは県大会にも参加する。音楽会は地域の大きなホールを借りて行なうが、その日は家族総出で参観に行く。どの学年でも必ず合唱があることも憂鬱だが、それ以上に音楽会を録画してDVDにして配ることが憂鬱である。音楽会は夏休み明けにあるから、夏休みも楽しく過ごせない……。このようなケースでは、その子自身の能力や行動にだけ焦点を当てた介入では問題は解決しないし、そもそも主訴自体が「話せないこと」ではない。この子の生活している学校という枠組みの中で、この子の抱える悩みを解消していかなければならない。

　本書が「学校で」に拘（こだわ）るもっとも大きい理由がここにある。実は、場面緘黙を「治す」というのは、子ども自身を変えることだけを意味していない。では何を変えるのか。それは学校という環境である。

学校という環境をすぐに変えることができるのは学校の先生しかいない。だから、場面緘黙を「学校で」治せるのは学校の先生しかいないだろう。わが国においても、学校に多様な専門職が入り始めているが、クラスや授業を変えることができるのは学校の先生だけである。

II　本書について

(1) 基本的な考え方

場面緘黙を治すための唯一の効果的な方法というものは存在しない。唯一の効果的な方法が存在しないのは、場面緘黙は表に出てきている「状態」であり、その背景にあるものが一人ひとり異なっているからである。だから、ある場面緘黙状態の子に有効だった方法が、他の子に有効であるとは限らない。そればかりか、画一的なやり方はかえって悪い影響を与えることもある。

本書で示したのはマニュアルでも正解でもない。強いて言えば、すべて「アセスメントのための視点」である。1人の場面緘黙児を理解して、適切な支援計画を立てるには、直接その子の理解や支援には役に立たない幅広い視野やたくさんの引き出しが要る。

アセスメントといっても心理検査のことではない。ある子どもがもっている力をどのくらい発揮できるかは、その子の生活している環境や、その子の性格、ライフスタイルなどさまざまなものに左右される。場面緘黙児なら尚更である。気の合う友だちがいたり、担任との相性が良かったりするだけでも、学校で話せるようになることもある（反対のこともある）。そういう、一人ひとりの場面緘黙児を取り巻く環境の影響をアセスメントするための視点である。

(2) 子どもたちから学んだこと

本書は、場面緘黙を「学校で」治す方法について、これまでの筆者の研究や実践を踏まえて解説したものである。筆者の主なフィールドは学校である。現在も、大学での相談だけでなく、その子たちが毎日を過ごしている学校に出かけて行くことを大切にしている。

学校では、子どもたちからたくさんのことを教わってきた。子どもたちから教わったことを、筆者のフィルターを通して、場面緘黙状態の子たちと関わる担任や特別支援教育コーディネーターの先生方に伝えたいと思う。本書を読んだ方が、学校における一人ひとりにあった場面緘黙の「治し方」を考える手がかりを得てもらえたらと思う。そして、学校が場面緘黙状態の子たちにとって過ごしやすいところになったら幸いである。

(3) 事例について

　本書で紹介する事例は、すべてこれまで筆者が関わってきた子たちをモデルにしている。一人ひとり許可をとって、脚色を加えながらも、ほとんどそのままを描かせてもらった。だから、この子たちの抱えている悩みや辛さ、あるいは希望や期待といったものが少しでも伝わって、それがまた学校で話せない誰かの役に立てればこの上ない喜びである。

目　次

はじめに　本書のねらい ……………………………………………… 1
　Ⅰ　なぜ「学校で」なのか　1
　Ⅱ　本書について　5

第1章　場面緘黙についての理解 …………………………………… 9
　Ⅰ　場面緘黙とは何か　9
　Ⅱ　場面緘黙児に共通する特徴・よく見られる特徴　18
　Ⅲ　場面緘黙の背景には何があるのか　21
　Ⅳ　ICF（国際生活機能分類）による場面緘黙の理解　33

第2章　学校生活における配慮や工夫 ……………………………… 43
　Ⅰ　「合理的配慮」の考え方　43
　Ⅱ　クラスの環境づくり　48
　Ⅲ　授業・学校生活における配慮・対応の実際　61
　Ⅳ　学校行事　72
　Ⅴ　成績評価の考え方　76
　Ⅵ　進路指導・入学試験　84

第3章　学校内外の連携と資源の活用 ……………………………… 89
　Ⅰ　連携の必要性　89
　Ⅱ　保護者との連携　90
　Ⅲ　学校内の連携と役割分担　101
　Ⅳ　医療機関との連携　109
　Ⅴ　地域の資源の活用　113

第4章　具体的な介入方法 …………………………………………………… 117
　Ⅰ　場面緘黙が「治る」とはどういうことか　117
　Ⅱ　話すように促してよいのか？　120
　Ⅲ　話せる場面を広げる方法　124
　Ⅳ　タイプ別の介入方法　130
　Ⅴ　特別支援学級・通級による指導の活用　145
　Ⅵ　コミュニケーションをとる方法　151
　Ⅶ　環境の変化を活かした介入方法　157

第5章　アセスメントと支援計画の作成 ………………………………… 163
　Ⅰ　アセスメントとは　163
　Ⅱ　ICF関連図を活用した場面緘黙児のアセスメント　166
　Ⅲ　支援計画の作成と介入後の評価　173
　Ⅳ　知能検査の考え方　177

おわりに　自分らしくあること―文化としての場面緘黙― …… 181

　文　献　185
　索　引　189

第1章

場面緘黙についての理解

I 場面緘黙とは何か

(1) なぜ話せないのか

　場面緘黙児が話せなくなる大きな理由は、「不安」や「恐怖」を感じやすいことである。2013年に改訂が行なわれたDSM-5では、場面緘黙は不安障害（不安症）に分類されている。場面緘黙は、「話さないことを自ら選択している」のではなく、「不安や恐怖によって話したくても話せない」状態であると考えられている。

　場面緘黙児が不安や恐怖を抱く対象は、人それぞれである。視線が怖いとか、集団が苦手とか、その対象が比較的明確な子もいる。その一方で、何が怖いのか自分でもよくわかっていない、漠然とした恐怖を抱いていることもある。このような、対象のない漠然とした恐怖心を「不安」と呼ぶ。だから「不安の素はどこにあるのか」を明らかにしようと思ってもうまくいかない。場面緘黙児の保護者や担任から「この子は何が不安なんでしょうか？」と質問されることがあるが、それがわからないのが「不安」である。

　ただ、不安や恐怖を感じやすくても、その子が「話せない」状態になるとは限らない。実際に不安や恐怖を感じやすい子の多くは「話せない」という状態にはなっていない。つまり不安や恐怖以外の要因も、場面緘黙状態の発現には関わっていると考えることができる。DSM-5による場面緘黙の診断基準には、どこにも「不安」や「恐怖」とは書かれていない（**表1-1**）。「場面緘黙＝不安・恐怖」と限定的に解釈しすぎてしまわない方がよいだろう。

表1-1 「選択性緘黙」の診断基準（DSM-5）※

A. 他の状況で話しているにもかかわらず、話すことが期待されている特定の社会的状況（例：学校）において、話すことが一貫してできない。
B. その障害が、学業上、職業上の成績、または対人的コミュニケーションを妨げている。
C. その障害の持続期間は、少なくとも1ヶ月（学校の最初の1ヶ月だけに限定されない）である。
D. 話すことができないことは、その社会的状況で要求されている話し言葉の知識、または話すことに関する楽しさが不足していることによるものではない。
E. その障害は、コミュニケーション症（例：小児期発症流暢症）ではうまく説明されず、また自閉スペクトラム症、統合失調症、または他の精神病性障害の経過中にのみ起こるものではない。

出典）髙橋三郎・大野裕監訳『DSM-5 精神疾患の分類と診断の手引き』医学書院，2014年

※名称について：「場面緘黙」と「選択性緘黙」はいずれも"Selective Mutism"の訳である。DSM-5 および ICD-10 の訳語はいずれも「選択性緘黙」であることから、診断名としては「選択性緘黙」となる。また学校教育の分野でも「選択性かん黙」が用いられている。しかし、選択性緘黙という名称は自分の意思で話さないことを「選択」しているという誤解を生じやすいため、「場面緘黙」の方が適切であるとする意見が当事者や保護者、支援者の間では少なくない（久田ら，2014）。実際の用語の使用に関しては、出版されている書籍のタイトルではほとんどが「場面緘黙」が用いられており、論文のタイトルも「場面緘黙」の方が多い。親の会や当事者の会においても「場面緘黙」が用いられることが多い。これらの理由から本書では「場面緘黙」を用いている。

（2）場面緘黙児の多様さ

　場面緘黙児の示す姿は非常に多様である。しかもそれは話すことの抑制だけでなく、他のさまざまな活動や動作の抑制としても現れる。場面緘黙の診断基準（表1-1）には「話すことが期待されている特定の社会的状況（例：学校）において、話すことが一貫してできない」と書かれている。特定の社会的状況の例として「学校」が挙げられているが、学校以外にもいろいろな「社会的状況」が存在するし、学校の中の特定の社会的状況ということもあり得る。

　2人の事例を紹介しよう。1人目は場面緘黙児の典型的な例であるA、2人

目はそれとはまったく異なる状態像を示すB、いずれも小学校低学年である。2人とも「話すことが期待されている特定の社会的状況において、話すことが一貫してできない」ことは共通している。しかしBが話せなくなる社会的状況はより限定的である。そして、この2人の学校で見せる姿や抱えている問題は全く異なるものである。

> **事例**
>
> 　Aは家では元気のいい普通の女の子だ。2つ下に妹がおり、家で妹と遊ぶときは大きな声を出してはしゃぎまわる。しかし家でも、近所の人や普段会わない親戚がくると、とたんに大人しくなってしまい、部屋から出てこないこともある。家族と出かけるときも、慣れない場所や、知っている人に会いそうな場所ではとても緊張している様子がみられる。小さい頃から人見知りが強かったが、保護者は保育園に上がれば治ると思っていた。
>
> 　Aは学校では声が出せなくなってしまう。勉強はよくできるし、表情は学校でもよく出るので、いつもニコニコしており友だちも多い。しかしどの友だちに対しても学校で声を出すことはできない。休み時間は友だちから誘われて外に遊びに行くことが多いが、自分から誘うことはないため、声をかけられなければ1人で過ごしてしまうこともある。
>
> 　授業中は先生の話をよく聞いており、黒板の字をノートに写すこともできる。だが自分から手を挙げて発言することはできないし、班での話し合いのときも声は出せず、班の友だちの言うことを聞いているだけになってしまう。
>
> 　Aが学校で話せるようになったのは、転校生がきっかけだった。たまたま家の近くに引っ越してきた子が同じクラスで、お互いの家を行き来するようになった。最初は緊張していたが、これまでの自分のことを知らない相手ということもあり、いつしかその子と自然に会話ができるようになった。そして徐々にその子を介して、話せる相手が増えていったのである。

> **事例**
>
> 　Bは昆虫が大好きで、友だちと虫取りをしているときは知っている虫のことをいっぱい話す。学校でも数名の友だちと話すことができる。もちろん家でもよく話す。
>
> 　Bが話せなくなってしまうのは、改まって挨拶をするとか、自分の感想を発表するとか、指されて答えを言う、といった場面である。これは家庭でも同じである。

> 普段は普通に会話ができているのに、知り合いに挨拶が必要になったり、お店で買い物をするときなど、口をつぐんでしまうのである。
> 　B自身は、学校生活の中で特に困っていることはない。たまに、返事ができなくて周りの大人からすると「ここで話してくれたらいいんだけど」と思わせるような場面もあるが、本人は大して気にしていないようにも見える。

　場面緘黙児を担当したことのある教師は、「場面緘黙児とはこういうものだ」という認識をもってしまうかもしれない。1人の教師が生涯の教師キャリアの中で担任する場面緘黙児は、出現率を大まかに500人に1人として考えれば、1年で30名を担任するとして2、3人くらいだろうか。これでは、多様な場面緘黙児のうちのわずかしか知ることができない。

　もしはじめに担当した子にある指導方法がうまくいったとしたら、その方法は他の場面緘黙児にも有効であると考える可能性もある。例えば、「音読のときは、声を出して読めるまでは着席してはいけない」という指導が過去にうまくいった、という経験があるという教師はどうだろう。このような発声や発話の強制は子どもに深刻な失敗経験を負わせる可能性のある非常に危険な方法であるが、その子の状態によってはうまくいってしまうこともある（第4章「Ⅳ タイプ別の介入方法」も参照）。一度ある方法が成功すれば、次もまた同じ方法を採ろうとしてしまうものである。結果として、ある児童にたまたまうまくいった危険な方法を他の児童に応用して、深刻なダメージを与えてしまうかもしれない。一人ひとり違っているのだから、適切な支援や介入のためには、一人ひとりのことをしっかり理解しなければならない。

　このことは保護者にもあてはまる。Black & Uhde（1995）によると、場面緘黙児の両親の場面緘黙の既往率は15％であり、統制群と比較して有意に高い（ただしChaviraら［2007］の4.4％のようにより低い値を示しているものもある）。場面緘黙児の保護者が経験者であった場合、「自分も自然に治ったからこの子も自然に治る」と思ってしまってもおかしくない。明らかに場面緘黙状態であるのに保護者が楽観視してしまい、長期間放置されてしまうことも起こりうる。「場面緘黙は個人差が大きい」「親と子では性格も過ごす環境も異なる」といった

ことを理解してもらう必要がある。

(3)「話せる」場面緘黙児

　場面緘黙児の中には、特定の友だちや先生と話せる子もいる。このような子に対して、「この子は場面緘黙ではないのではないか」「特別な支援や配慮は必要ないのではないか」という意見を聞くことがある。

　場面緘黙状態から改善に至るまでというのは、0か100かではない。あるきっかけで場面緘黙が短期間に完治して誰とでも話せるようになるケースもわずかにあるが、ほとんどは改善の過程に中間の段階がある。話せる相手や話せる場面が徐々に増えていけば、複数の友だちや教師と学校で話すことができるという段階を経ることになる。しかし保護者や本人から見れば、その状態は「場面緘黙が治った」状態ではない。だから家族以外の誰かと話すことのできる場面緘黙児はいるし、支援や配慮が必要ないということにもならない。

　また、「治る」＝「誰とでも話せるようになる」でもない。成人の元当事者の中にも、まだ特定の場面では話せなくなってしまうという人はいる。しかしそれは個性なのか症状なのか後遺症なのか、はっきりと分けることはできないだろう。

　場面緘黙でなくても、話したいのに話せないという状態になることがある。緊張して電話ができない、コンビニのケースの中の豚まんが注文できない、本当は割り箸をつけてほしかったのに言えなかった、などという経験をしたことがある人はいると思う。ここに言語障害などの何らかの要素が加われば、さらにそのような場面は増える可能性もある。もちろんこれらの状態がすべて支援の対象となるわけではないが、「話したくても話せない」という状態は連続的なものであることがわかる。

(4) 話すことだけの問題ではない

　場面緘黙児を目の前にすると、「話せない」という部分に注目してしまいがちであるが、「話せない」というのは場面緘黙児の抱えている困難さの一部分でしかない。話すこと以外のコミュニケーションやそれ以外の行動の状態もさ

まざまである。話せないだけで他の手段でならコミュニケーションができる子もいるし、うなずきも指さしも表出できない子もいる。筆談はできなくても、手紙のやりとりや交換日記、メールではやりとりができることもある。

> **事例**
>
> 　Cはサッカーが好きな活発な男の子である。しかし、学校などでは話せなくなってしまうだけでなく、表情を出したり体を動かしたりすることもできない状態であった。もちろんサッカーでも自由に走り回ることはできない。
> 　学校では、書字や図工の際に動けなくなってしまうことが主訴の1つとなっていた。書字は、書いているところを見られないようにしていれば何とか書くことができるので、下敷きやノートで覆いながら書いていた。このため字を書くのに大変な時間がかかるし、自分でも何が書いてあるのかわからないことがしばしばだった。図工の時間は、1人だけ相談室に移動して作業をしていたが、それでも学校ではできないのでほとんど家に持ち帰って完成させる、という状態だった。
> 　Cが母に連れられてはじめて筆者のところに相談にきたときも、体を動かすことができなかった。相談室で「黒ひげ危機一髪」をしたが、全く手が動かず、母親がCの手を取ってナイフを刺していた。
> 　極度の緊張状態、という感じであったため、まずは教室内や学校で安心して過ごせることを目指した。担任と相談し、話しことばよりも体の動きが出せるようにするところから取り組むことにした。まず席を周りから見られにくい場所に移すことにし、Cの希望も聞いて席替えを行なった。また授業中は担任が巡回してノートに丸を付けたりしていたが、Cのノートは見ないということをC自身とも約束した。図工の時間については、作業をするよりも構想を練ったり他の児童が作品を作るのを観察する時間にすることにして、創作は家に持ち帰って行なっても構わないことを確認した。
> 　すぐに変化があったわけではなかったが、徐々に教室内で安心して過ごすことができるようになり、体の動きや表情が見られるようになった。また字を書くことも速くなり、書き初めもスラスラと書くことができた。高学年になる頃にはサッカーでゴールが決められるくらいになった。またこのような変化に伴い、学校内で声が出せる場面も見られるようになった。まだ話せる相手や場面は限られているが、これから練習をすることで広げていくことができそうである。

Cのように、話すことだけでなく体の動きも抑制されている状態を「緘動」と呼ぶ。緘動は年齢の低い子だけでなく、中学生や高校生にも見られる。緘動まではいかなくても、食べたり歩いたり、またはCのように文字を書いたり授業で体を動かしたりという行動の抑制がある場面緘黙児は多い。特に問題になりやすいのは、食事や排泄といった生理的現象に関わるものである。「保育園の頃はトイレに行けなくて困った」といった体験談は非常に多くの場面緘黙児から聞かれる。

　場面緘黙児の中には不登校状態になってしまう子も少なくない。場面緘黙が原因で不登校になるケースもあるが、むしろ両者には共通する根本的な問題があり、それぞれ異なった現れ方をしていると捉えた方がよいケースが多い。

　このような行動の抑制を「場面緘黙の症状」と捉えるかどうかは議論が分かれるところだが、臨床上はこれらの問題を切り離して捉えることにはあまり意味がない。食事ができない、トイレに行けないという状態の子に対して、「話せるようにするには」ということだけを考えても問題の解決には結びつかないだろう。むしろこのような行動の抑制も含めて、本来の力を発揮することの抑制が場面緘黙だと捉える方が、適切な支援につながりやすい。

(5) コミュニケーションや行動の3つの水準

　行動の抑制を含む緘黙症状を考えるときに、河井・河井（1994）の「社会的場面におけるコミュニケーションが成り立つための階層構造」の考え方が参考になる（図1-1）。河井らはコミュニケーションや行動の表出を3つの水準で捉

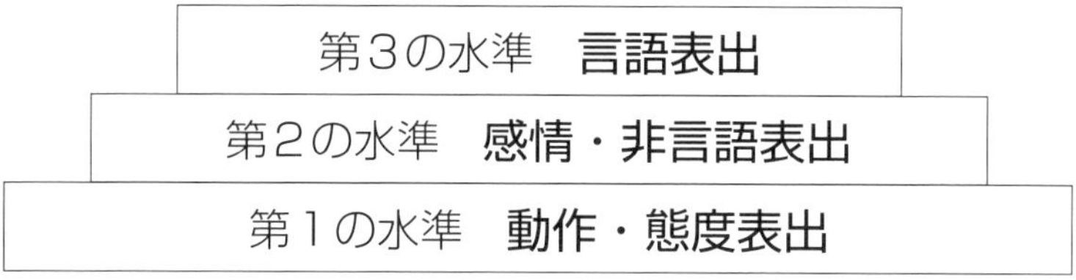

第3の水準　言語表出
第2の水準　感情・非言語表出
第1の水準　動作・態度表出

図1-1　社会的場面におけるコミュニケーションが成り立つための階層構造
（河井・河井，1994より）

えている。

　第1の水準は動作・態度表出の水準で、まずその社会的場面へ自ら足を運んで移動するということを指す。第2の水準は他者との感情・非言語表出の水準で、社会的場面で用いられるさまざまな非言語コミュニケーションを指す。第3の水準が言語表出である。これらの3つの水準は階層的構造をしており、その最も基礎の部分に動作・態度表出がある。河井らは、何らかの緊張が加わって適応的行動が壊れる場合、原則として第3の水準である言語表出から壊れていくと指摘している。

　実際には、言語表出（第3の水準）だけができずそれ以外の感情の表出や非言語表出（第2の水準）には問題がない（＝表情は豊かで身振りや文字などのコミュニケーションもできるが声だけがでない）、という場面緘黙児は稀である。多くの場面緘黙児は話しことばの表出がないだけでなく、表情が乏しく、うなずきや指さしでのコミュニケーションも困難である。Cの事例のように、動作・態度の表出（第1の水準）や表情の表出（第2の水準）がない子には、話しことばの表出を促す前に、動作や表情の表出ができるようになることを目指さなければならない。

（6）氷山モデルによる捉え方

　場面緘黙についての理解を深める視点の1つとして、氷山モデルの考え方が参考になる（図1-2）。氷山のうち、水面より上に出ている部分が目に見える「緘黙状態（話せないこと）」である。氷山の下の部分には、目に見えないさまざまな要因が存在しており、それらが相互に影響しあった結果が「緘黙状態」として現れている。場面緘黙の状態が多様であるのは、背

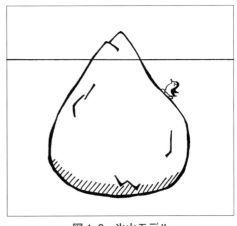

図1-2　氷山モデル

景にある要因の多様さとそれらの相互作用の結果だからである。さらにその影響が強ければ、話すことの抑制だけでなく、「第2の水準」や「第1の水準」の抑制として現れることもある。

　これは「不登校」ともよく似ている。不登校は単一の原因があって生じるものではなく、人によってその背景にある問題はさまざまである。背景にあるものを無視して不登校という現象にだけ注目すれば、「学校に来させるかどうか」という議論になる怖れもある。無理にでも学校に来させた方がよいのか、しばらく休ませた方がよいのか、他の道を検討する必要があるのかは、一人ひとりの実態に応じて判断する必要があるだろう。

　場面緘黙も同様で、「話せない」という状態だけに注目して「いかに話せるようにさせるか」だけを考えても、効果的な介入はできない。表に出てきている「緘黙状態」は、背景にある問題が小さくなれば解消することもある。話すことそのものへのアプローチだけでなく、背景にある問題に目を向け、解決方法を検討しなくてはならない。

（7）その人らしさ

　先に、場面緘黙は話すことだけの問題ではないという点を指摘した。筆者は、場面緘黙を「話すことの抑制」ではなく、「本来の力を発揮することの抑制」として捉えることが適切ではないかと考えている。話せないことは確かに目立つ特徴であるため、目が向きやすい。しかし、話すことだけが抑制されており、他は全く問題がないという場面緘黙児はほとんどいない。

　場面緘黙を「本来の力を発揮することの抑制」として捉えれば、介入のゴールは「話せるようになること」ではなく「本来の力が発揮できるようになること」である。「本来の力」とは「その人らしさ」と言い換えてもよい。だから、訓練をして話す力やコミュニケーション能力を高めることよりも、「自分らしさってどういうものなんだろう」ということを本人が理解して、そういう姿が学校やいろいろなところで出せるようになることが大切だと思っている。

　「その人らしさ」を出すというのは、実は意外と難しい。誰でも、本来こうありたいと思っている自分と、社会に対して見せている自分との間には違いが

あるのではないだろうか。また、自分では気付いていない「その人らしさ」もある。社会や文化は暗黙のうちにさまざまな規範をわれわれに要請しており、われわれの多くは気付かないうちにそれに従順に従ってしまっている。しかし、本当はそれが自分の価値観にしっくりくるものではない場合、何だかよくわからない居心地の悪さになる。特に学校教育には、「誰とでも仲良くすることが望ましい」「友だちはたくさんいることが望ましい」「集団の規範を守ることが望ましい」「社会性を身につけることが望ましい」「コミュニケーション能力を高めることが望ましい」「学校には毎日通うのが望ましい」のように多くの人に暗黙のうちに共有されているさまざまな価値観が存在する。

　例えば、「友だちはたくさんいることが望ましい」という価値観はどうだろうか。小さい子が外で誰か知らない子と接するときに、大人は「お友だちだねー」と言ったりする。保育園から小学校に上がるときには、1年生になったら友だちを100人作ろうと歌う。もちろん、本人自身の価値観として、友だちがたくさんいることが大切だと思っていれば、それは大切なことである。しかし、多くの大人にとっては、友だちはそんなにたくさん必要なものではないだろう。ところが、「友だち100人できるかな」という価値観に縛られていたら、友だちが少ないことは劣っていることになる。そういう、周りから要請される価値観から解放されて、「その人らしさ」を出すということが、「本来の力が発揮できるようになること」である。

Ⅱ　場面緘黙児に共通する特徴・よく見られる特徴

(1) 家ではよく話す

　場面緘黙の中核的な症状は「A. 他の状況で話しているにもかかわらず、話すことが期待されている特定の社会的状況（例：学校）において、話すことが一貫してできない」である。後半部分に注目してしまいがちだが、前半には「他の状況で話しているにもかかわらず」とある。場面緘黙は話せることが前提となっている。

　「家ではうるさいくらいに話し続ける」という様子は場面緘黙児の保護者か

らしばしば聞かれる。筆者が保護者を対象に行なった家庭での様子に関する質問紙調査でもこの傾向が示された（高木，2015）。14組の場面緘黙児の保護者を対象に、自分の子どもの家庭でのコミュニケーションの様子を相手ごとに（母に対して、父に対して、など）5段階で評定してもらったところ、8割以上の回答が5段階目の「とてもよく話す」であった。回答が保護者の主観に左右されるという問題はあるものの、場面緘黙児の家での実態をある程度反映していると考えてよいだろう。

「家ではよく話す」と言われても、実際に学校などで緘黙状態になっている子を目の前にすると、「この子が本当に話すのだろうか」という疑問を抱くのも無理なことではない。しかし学校での姿だけを見て「話さない子」と捉えてしまうと、その子についての正しい理解を妨げることになる。支援計画の作成や介入にあたっては、「話さない子」という先入観を排除して、本来の姿を丁寧に見極めなければならない。

（2）家庭以外で話せる場面がある

子どもの生活している社会は、家庭と学校だけではない。家庭が話せる、学校が話せないの両端にあるとすれば、その中間にはさまざまな「場面」が存在する。学校では友だちと話せなくても、家や近所の公園では話せることもある。

カウンセリングやSTなど個別の臨床場面で話せる子もいる。筆者のところに相談にくる子も、半数程度は筆者と会話ができる。小学生から大学生まで20名の場面緘黙児・者を対象にした集計では、12名（60％）が筆者と話しことばでのコミュニケーションが可能であった。これらの中には、初回から会話が可能であった4名も含まれている。さらに、学生が関わっているケースに限定すると、対象となった小・中学生14名中12名（約86％）が担当学生との話しことばでのコミュニケーションが可能であった。

このように、場面緘黙児の中には「学校ではないところ」なら話せる子もいる。個別の臨床場面は場面緘黙児にとっては家庭と学校の中間的な位置にあたると考えられるが、このように家庭以外に話すことのできるところがあること

は、話せる場面を拡大するための大事な糸口になる。

（3）女児に多い

　概ね 1.5：1 の割合で女児に多いと言われている。女児に多い理由は明らかになっていないが、場面緘黙発現の背景にある不安や緊張の感じやすさ、行動の抑制やシャイネスの問題が女児にみられやすいのかもしれない。

　また、子ども同士の関係の在り方も関わっているのではないかと筆者は考えている。例えば堂野（2011）は、小学4・5年生の男女を対象に集団関係性と社会的スキルとの関係を検討し、女子と男子との違いが見られたことを指摘している。女子は、〈特定の友だちやグループのメンバーとの関係性を大切にし、友だちに「気を遣って」関わることを特徴とする「やさしさ志向」（気遣い）型〉の出現率が最も高かったという。また5年生の女子では、社会的スキルの発達は本人の友だち集団関係性の在り方に影響を受けていることを堂野は指摘している。

　集団の関係性や社会的スキルのどのような性差が、場面緘黙状態の発現にどのように影響するかについてはわからない。しかし例えば、「特定の友だちやグループのメンバーとの関係性を大切に」するという関係性は、グループから孤立してしまった児童を排除することにつながる可能性が考えられる。またこのように社会的スキルの発達が本人の友だち集団関係性のあり方に影響を受けているとすれば、グループから孤立した場面緘黙児は社会的スキルの発達が阻害される可能性も考えられる。場面緘黙の発現と性差との関係については、このような視点からの検討も今後必要ではないかと考えられる。

（4）話せないことへの自覚がある

　自分自身の話し方に自覚的な意識を向ける力は、4歳から5、6歳にかけて著しく発達することが知られている（第4章「Ⅱ　話すように促してよいのか？」参照）。「人前で話すことができない」という自覚そのものの発達についても、筆者らの調査では同様の傾向が得られている。臨床的にも、年中から年長くらいですでに話せないことの悩みを保護者に話しているケースがある。

小学校高学年くらいになると「こんな風にすれば自分は話せるようになるのでは」という意識がかなり明確になる子がいる。例えばある小学校高学年の女子児童は「高校は離れたところに通いたい。自分のことを知っている人がいない学校に行けば、話せると思う。だから中学校は我慢する」と話していた。

Ⅲ　場面緘黙の背景には何があるのか

（１）行動抑制・シャイネス

　行動抑制とは、目新しい人々やもの、場所に出会ったときの生物学的な基盤をもつ警戒心や恐怖を示す用語である。一方シャイネスは、社会的な新奇性に直面したときの警戒心および社会的評価を受けると思う状況における人目を気にする行動である。行動抑制と比較してシャイネスの方が、「社会的」という要素をもつ用語であると言える。100名の場面緘黙児を対象に併存する言語障害や不安障害、人格特性などについて検討したSteinhausen & Juzi（1996）によると、シャイネスは85名（85%）の場面緘黙児に見られたという。またシャイネスは緘黙症状が現れるよりも前に見られることがあったことも述べている。

　Schmidt & Buss（2010）によると、シャイネスは２つのタイプに分けられるという。１つは出生１年目の後半に出現する「不安性シャイネス（anxious shyness）」で、見知らぬ人への警戒心を伴う早期発達型のシャイネスである。もう１つは３〜４歳に発現する「自意識性シャイネス（self-conscious shyness）」で、当惑、自己認識、自意識の感情、見通しをもつことの発達に伴う後発型のシャイネスである。前者は不安や恐怖に基づくものであるのに対し、後者は過度の社交性や人前での自意識との関わりが強い。これらのサブタイプと場面緘黙との関係については研究が行なわれていないが、どちらかが発現に寄与するというよりも、いずれのタイプのシャイネスも場面緘黙発現のリスクとなり得ると捉えるのが妥当であろう。

● 不安障害との関係

　小児期早期の行動抑制は不安障害の発症にも関連があることが指摘されている。Coplan & Rubin（2010）は行動抑制やシャイネスと不安障害との関係について、発達的視点から次のようなモデルを示している。まず、およそ15%の新生児が新奇性への直面に警戒心と苦痛を示すという素質をもって生まれてくる（行動抑制）。小児期早期にはこのような警戒反応は初めての人と会う状況で特に顕著になる（不安性シャイネス）。さらに自己システムと見通しをもつスキルが発達するにつれて、この社会的警戒心は、社会的評価を受けると感じる場面で戸惑い心配する気持ちを含むように拡大する（自意識性シャイネス）。そして、登校が始まり社会的ストレスが高まることで、学校でも社会的不安を感じ、学校で仲間といるときに明らかな不安の徴候を示すようになる（社会的遠慮）。このような子どものごく一部にとっては、不安感はその後もエスカレートし、病的な心理学的障害になる（社交不安障害）。

　場面緘黙もこのモデルの中に位置づけることができる。「行動抑制」や「不安性シャイネス」のある子どもが、家族から離れ、話すことが要求される集団におかれたとき（＝幼稚園・保育園入園時）、「話すことができない」という形でその症状が顕在化する。つまり、場面緘黙は幼稚園・保育園入園のような環境の変化が契機となって発症するようであるが、実はそれ以前から潜在的にリスクがあると捉えることができる。

● 社会的無関心

　類似する概念として幼児期の「社会的無関心（非社交性）」についても述べておく。Coplan & Rubin（2010）によると、行動抑制やシャイネスは恐怖や不安と関連する情緒的調節不全の側面に関するものであったのに対し、社会的無関心は単独行動に対する恐怖を伴わない好みに関連するものであると説明されている。表1-2に示したように、これらは動機という点で大きく異なっている。場面緘黙児の中にも、行動抑制やシャイネスよりもむしろ社会的無関心が関わっているケースが存在すると思われる。この点については今後の検討課題である。

表1-2 子どもの社会的ひきこもり※ (social withdrawal) の分類

	行動抑制・シャイネス	社会的無関心
動機	恐怖、不安、警戒心	恐怖を伴わない孤独への好み
状態	仲間と社会的に交流したいという欲求があるが、恐怖や不安によって抑制されている。社交不安障害などの不安障害の発症とも関わりがある。	向社交性の低さではなく高い孤独性と関係がある。1人で遊ぶことに満足しているが、魅力的な社交的な誘いがあればより社会的指向の高い活動をすることもできる。

Coplan & Rubin (2010) およびCoplan & Weeks (2010) を参考に作成

※「社会的ひきこもり (social withdrawal)」はいわゆる「ひきこもり」とは異なる概念であり、「子どもが自らを仲間グループから離そうとすること」を示す用語である。

(2) 不安障害

　場面緘黙はそれ自体が不安障害の1つに分類されているが、その他にさまざまな不安障害を伴っているケースがある。場面緘黙以外の不安障害には、社交不安障害、限局性恐怖症、全般不安障害、パニック症、広場恐怖症などが含まれる。

　これらのうち、社交不安障害 (social anxiety disorder: SAD) は特に場面緘黙との関連が強いことが海外の研究で指摘されている (Chavira他、2007; Dummit他、1997など)。社交不安障害は社交恐怖 (social phobia: SP、社会恐怖) とも呼ばれるもので、他人の注視を浴びるかもしれない社会的状況または行為をする状況に対して、顕著で持続的な恐怖を抱き、自分が恥をかいたり、恥ずかしい思いをするように行動すること (または、不安症状を露呈したりすること) を怖れる状態である。70組の場面緘黙児を対象に他の不安障害の併存を調査したChaviraら (2007) によると、対象とした場面緘黙児70名全員に社交不安障害がみられたという。

　不安障害は、血のつながった家族に不安障害の人がいると発症しやすいという傾向がある。ただし遺伝だけで発症するわけではなく、環境因子の方が不安障害の発症には大きな役割を果たしていると考えられている。先述のChavira

ら（2007）の研究では両親140名の不安障害の既往歴も調査しているが、統制群の両親における社交不安障害は13名（20.4%）であったのに対し、場面緘黙児の両親は60名（43.6%）であったという。

●不安障害の併存

　場面緘黙に社交不安障害などの不安障害が併存している場合、「話せないこと」だけでなくその他の行動面の問題も伴いやすい。クラスの集団に入ることや、人と関わることそのものに恐怖心を抱くこともある。ある保健室登校の女子高校生の場合、不特定多数の人のいる集団では「自分のことを見て悪口を言っている」と感じるそうである。特にクラスにいるときに顕著で、何名かの男子生徒が自分の悪口を言うのでクラスには入れないとのことであった。この女子生徒はマスクやフードをして外界と自分とを遮断しているようで、筆者とはボソボソと呟くような声でのやりとりが可能であったが、顔は下を向いており表情が見えることはなかった。

●不安障害への対応

　不安障害は学校教育ではあまり馴染みのないものであろう。不安障害自体は稀な障害ではなく、生涯有病率が高いものでは限局性恐怖症（特定の対象または状況への顕著な恐怖と不安）が6〜12%となっており、その他の不安障害も比較的高頻度でみられる。しかし発症時期は、学齢期に発症しやすい限局性恐怖症や分離不安障害を除けば、青年期以降のものが多い。このためか不安障害は特別支援教育の対象として一般的に認識されておらず、学校教育の現場では医療機関で対応するものという認識があるのではないかと推察される。

　実際に、学校教育の中で不安障害への直接的な介入を行なうのは容易ではない。不安障害の治療方法として効果が高いのは認知行動療法と薬物療法であり、いずれも教師が行なうものではない。認知行動療法についてはその考え方や技法を取り入れることは有効だが、認知行動療法自体の特性から、学齢期の場面緘黙児に対して実施することそのものにも難しさがあると考えられる。

　これらのことから、不安障害による問題が顕著な場合は医療機関との連携をした方がよいだろう。もちろん医療機関に任せて終わりではなく、適切に連携

しながら対象児童・生徒がかかっている不安障害について正しく理解することが求められる（第3章「Ⅳ　医療機関との連携」参照）。

（3）自閉症スペクトラム

　場面緘黙の背景に自閉症スペクトラム（ASD）が関わっている者が少なからず存在することは、わが国の場面緘黙研究において指摘されている。筆者への相談歴のある場面緘黙児についても、診断がなされていないケースもあるため明確な数値は算出できないが2、3割はASDがあると推察される。小児科を受診した23名の場面緘黙児の発症要因を検討した金原ら（2009）によると、ASDおよびその他の広汎性発達障害のある者が12例（疑いを含めると16例、69.6％）存在したという。

　一方海外の研究では、ASDとの関係が必ずしも強調されているわけではない。54名の場面緘黙児を対象に併存する障害を検討したKristensen（2000）によると、アスペルガー症候群を伴う者は4名（7.4％）であったという。Kristensenの報告と比較してASDの併存が多かったことについて金原らは、対象となった小児科が発達障害の多くが集中的に受診する地域の中核施設であり、発達障害や緘黙以外の状態が主訴で受診する者が多かったためではないかと考察している。

　学校での介入を考えたときには、出現率がどうかよりも、目の前の児童・生徒にASDがあるのかが重要である。ASDと場面緘黙では臨床像にはよく似たところがあるが、ASDが背景にある場面緘黙児とそうではない場面緘黙児は本質的に異なっており、主訴や目標、介入の方法などに違いが見られる。先に、場面緘黙という状態を「本来の力を発揮することの抑制」と捉えることが適切だと述べたが、ASDが背景にある場合、「本来の力」というのが「自閉症スペクトラムがあることも含めたその人らしさ」ということになる。ASDそのものは治ることがないと考えれば、症状の中に改善するところと改善しないところがあるとも考えられる。このような視点から、ASDと場面緘黙との関係を次の3つに整理することができる（介入方法については第4章「Ⅳ　タイプ別の介入方法」参照）。

●他者への関心が薄い・関わりをもちたがらない

　ASDの中核的な症状の一部として「社会的状況で話さない」状態となっているタイプ。家庭においても無口であったり、親ともコミュニケーションが成り立ちにくかったりする。「1人でいることに苦痛を感じない」「友だちがいなくても困らない」のように、話さなくても困らない状態になってしまうこともある。しかし、必要がある場面では声を出せることもある（クラスメイトとの関わりはほとんどないが、授業中に発言が求められる場面では声が出せるなど）。この場合、人への関心や関わる意欲の低さというのはその人自身の変えがたい部分でもあるし、介入によって誰とでもペラペラ話せるようになるとは考えにくい。むしろ、いかにその人らしさを大切にした進路選択ができるか、ということが大事になってくる。

●言語能力やコミュニケーションスキルが低い

　ASDに伴う言語能力やコミュニケーションスキルの問題により緘黙状態となっているタイプ。ASDであっても友だちと関わりたいという欲求のある人はいるが、同年代のクラスメイトと適切に関わるのは高いコミュニケーションスキルが要求される。小学2、3年生にもなれば、ちょっと変わっている子やコミュニケーション能力の低い子は友だちができにくくなる。家庭においても、家族とはよく話しているが、話がかみ合いにくかったり的外れな受け答えをしてしまっているかもしれない。「友だちが欲しいけどどうやって声をかけたらよいかわからない」「友だちってどうやってつくるの？」といった思いを抱えている場合は、コミュニケーションスキルやソーシャルスキルへの働きかけが有効かもしれない。

●実際はASDではない

　ASDのように見えているが、実際はASDではないタイプ。視線が合いづらかったり、緘動状態で姿勢も固まっており背中を押さないとトイレにも行けないという場面緘黙児は、見かけ上ASDと区別がつきづらい。DSM-5におけるASDの診断基準の中の「社会的コミュニケーションおよび対人的相互反応における持続的な欠陥」は場面緘黙と非常によく似ているし、動作・態度の抑制が強い（河井・河井の階層構造のうち第1の水準にも問題がある場合）と「行動、

興味、または活動の限定された反復的な様式」にも当てはまりやすい。
　この場合の判断のポイントはやはり家庭での様子であるが、併せて生育歴の聴き取りも丁寧に行なう必要がある。学校で話せないだけでなく体の動きもほとんどないような状態であっても、家庭で話している様子から明らかにASDではないと判断することができるかもしれない。家庭でもほとんど話さなくなっている場合でも、それがもともとのものであるのか、それまでの育ちの中で獲得されたものであるのか、という点を丁寧に把握することで、その子の本来の姿を捉えることができる。

（4）ことばの問題

　場面緘黙児の多くには、不安や恐怖だけでなく言語障害やことばの問題が関わっている。海外の研究では、場面緘黙児の半数程度にことばの発達の遅れや言語障害があることが報告されている。
　場面緘黙は「コミュニケーション障害」の状態であるが、「言語障害」と「コミュニケーション障害」とは異なる概念であり、若干の整理が要る。大まかに言って、言語能力（language）や発話（speech）の機能の問題が「言語障害」、それらを用いた他者との関わりにおける問題が「コミュニケーション障害」と捉えることができる。例えば、吃音があって流暢な発話ができないことは「言語障害」だが、そのことによってコミュニケーションに支障を来す状態が「コミュニケーション障害」である。吃音症状があってもコミュニケーションに支障を来さなければ、コミュニケーション障害とはならない。

● 言語能力やことばの発達の遅れとの関係

　24名の場面緘黙児を対象に句の使用時期と言語能力を調査したKolvin & Fundudis（1981）によると、場面緘黙児は話し始めの時期が統制群と比較して有意に遅れ、さらに50％に言語発達の未熟さやその他の困難さがあったという。言語能力の低さについても、44名の場面緘黙児を対象に標準化された検査によって語彙・音韻意識・文法の能力を評価したManassisら（2003）によると3つの指標すべてで有意に低い成績が得られたという。
　ことばの発達は個人差が大きい。河井・河井（1994）は、児童期や青年期な

どにみられる言語発達の個人差はもっぱら「程度の差」であるが、幼児期初期では「質の差」となって現れる可能性があることを指摘している。1歳6ヵ月児健診の段階で9割以上の子は有意味語の表出があり、文での会話が可能な子もいる一方で、2歳くらいまで有意味語の表出がない子もわずかにいる。何らかの障害がなければ3歳でことばを話していない子はいないが、幼児期を通じて語彙や文法、構音などの能力の個人差は大きい。

ことばの発達の遅れからの緘黙状態の発現については、「あまり堪能ではない外国語で会話をする」という場面を考えてもらえばわかりやすい。文の組み立てにも発音にも自信がない外国語を使って、せっかちでかなり早口な人たち（子どもは大抵、相手の話すペースを考えてくれない）と会話をしないといけない場面では、多くの人が「話したいのに話せない」という状態を少なからず経験することになるだろう。もしその人に先に述べたような抑制的な気質やシャイネスがあった場合、そのような社会状況では一言も話せなくなってしまうかもしれない。

● 言語障害との関係

100例の場面緘黙児を分析した先述のSteinhausen & Juzi (1996) の研究では、言語障害（表出性言語障害、構音障害、吃音）が見られた者は38名（38%）であった。先述のKristensen (2000) も、50%に言語障害が見られたことを報告している。

吃音や構音障害といった言語障害には、言語症状だけでなく認知の問題も含まれる。言語障害のある子は、うまく話すことができないことを自分自身でもよくわかっている。笑われたりからかわれたりしたという経験があると、二次的な障害として話すことに対する躊躇が生まれる可能性がある。場面緘黙状態とまではならなくても、「話したいけど話せなかった」という経験は、言語障害のある子の多くがするのではないだろうか。

これらのような言語能力や言語障害と場面緘黙との関係については、わが国においてほとんど研究が行なわれていない。今後の重要な検討課題であると考えられる。

● 言語障害と不安障害

言語障害と不安障害との関係については、近年注目されつつある。Beitchmanら(2001)の14年間の縦断的な研究では、Speechの障害(構音障害や吃音)のある者(38名)の15.8%、Languageの障害のある者(77名)の26.7%に何らかの不安障害がみられたという。またBlumgartら(2010)は吃音のある成人の40%に社交不安障害が併存していたことを報告している。ことばの問題と不安障害、そして場面緘黙の問題は、それぞれ単独で存在するわけではなく、複雑に絡み合っていると捉える必要がある。

(介入方法については第4章「Ⅳ タイプ別の介入方法」、コミュニケーションのとり方については第4章「Ⅵ コミュニケーションをとる方法」参照)

事例

　D(女子児童)は、学校では一言も話すことができない状態であった。筆者の大学の相談にも継続的に通っていたが、担当の女子学生に対してもことばの表出が見られない状態が続いていた。Dには吃音があることから、筆者らは話しことばによらないコミュニケーションが有効ではないかと考えた。そこで、ベースラインとして筆談を用いない時期のコミュニケーションの様子を記録した上で、担当の女子学生と1対1での筆談によるコミュニケーションを行なうことにした。指導は1～2ヵ月に1回程度の頻度で実施した。

　当初は、Dから話しことばの表出はなく、また身振りなどの表出も乏しかった。しかし筆談を用いた最初の回から、Dは女子学生からの問いかけに対して筆談での回答をすることが可能であった。その後、回を重ねるにつれてコミュニケーションのとり方に変化が見られた。まず、身振りなどのコミュニケーションが増加し、やりとりの中身についても、質問への反応だけでなくD自らの表出が見られるようになった。さらに、筆談導入から約半年後には、話しことばの表出が見られた。話しことばの表出はその後増加し、指導終了時には担当の女子学生とであれば話しことばによるコミュニケーションが「ほぼ」できるようになった。これは相談開始の頃と比較すると顕著な変化であった。

　筆者らは、Dに見られたコミュニケーションの変化について以下のように考察した(金井・高木, 2015)。話しことばに限定せずに「筆談」という代替的な手段を用いたことによって、まずコミュニケーションそのものが促進され、次いでコミュニケーションの内容が豊かになった。恐らくコミュニケーションが取りやすくなったことによって、Dと担当学生との間の信頼関係も促進されたのではないかと考え

られる。それらの結果として、話しことばの表出が見られるようになったのではないだろうか。

しかし、話しことばによるコミュニケーションが可能となった後も、筆談がまったくなくなったわけではなかった。どのような状況で筆談が表出されたかを分析したところ、長さが2文節以上の文では、筆談の占める割合が高いことがわかった。つまり、長い文では発話ではなく筆談を選択していたわけである。この理由について筆者らは、吃音の予期が関わっているのではないかと推察した。即ち、Dにとって「吃音が出そうだな」と思ったときは話しことばではなく筆談を選んだのではないか、という解釈である。

これらの知見が吃音やその他の言語障害を有する場面緘黙児にどの程度当てはまるかは今後の検討課題であるものの、「話しことば」に限定せずにコミュニケーションの成立を優先することの有効性がある程度示されたと考えられる。

(5) 知的障害

場面緘黙児の中には、軽度の知的障害を伴うケースがある。知的障害と場面緘黙との関係については海外の研究も少ないが、先述のKristensen (2000) によると、対象とした場面緘黙児52名中軽度の知的障害を有するものは4名 (7.7%) であったという。またKolvin & Fundudis (1981) は場面緘黙児21名と定型発達児群の動作性IQを比較し、場面緘黙児群の方が動作性IQが低かったことを指摘している。

筆者がこれまでに相談を受けてきた場面緘黙児の中で、知的障害と診断されていたケースは1割程度であった。知的障害のある子どもの中に場面緘黙状態になっている者がどの程度いるかは、知的能力や言語能力の問題もあり正確な数値を出すことは困難であろうが、知的障害のない子どもと比較して高い割合を示すのではないかと考えている。

●知的能力の問題

知的能力の低さが話すことの抑制につながる理由の1つは、家庭と学校とでは求められる知的能力の水準が異なるためであると考えられる。家庭では、話す内容や速さ、求められる課題の難しさはその子の知的能力や興味・関心、

ペースに合ったものになる。一方学校（特に子ども同士の会話）では、話す際に求められる内容や文の複雑さ、話すタイミングの取り方なども、難易度が高くなる。つまり知的能力と環境とのミスマッチが生じている状態だと捉えられる。さらに知的能力と環境とのミスマッチは話すことだけでなく、学習内容や友人関係にも及ぶ。

● ことばの問題

知的障害児のことばの問題として、吃音や構音障害といった言語障害が高頻度で見られること、精神年齢から期待されるよりもさらにことばの発達が遅れることが挙げられる。後者は MA lag と呼ばれる現象で、例えば有意味語の表出は多くの定型発達児では1歳前後で見られるが、知的障害児の場合精神年齢が1歳程度になっても有意味語の表出がなく、その後の発達も精神年齢と比較してことばの表出は遅いということが観察される。これらのようなことばの問題が場面緘黙状態の発現に寄与する可能性があることは、先の項で述べた通りである。

● 主訴は何か

知的障害が背景にあれば、「話せないこと」以外にも主訴が存在する。通常の学級に在籍する軽度の知的障害児の場合、低学年のうちは緘黙状態は顕著な問題だが、学年が上がるにつれて学習面の問題が相対的に大きくなってくる。IQ70程度であれば、小学1年生の足し算・引き算は一緒に受けることはできるが、九九が終わり、分数小数の学習が始まる頃からは、学級の授業についていくことは困難になることが予想される。このような状態で場面緘黙状態の改善だけを目標に介入しても効果が上がりづらいばかりか、本人にとって過度の負担となりかねない。話すことの問題だけにとらわれすぎず、その時々によって変化する主訴を的確に捉えることが重要である。

● アセスメントの困難さ

知的能力の詳細な測定が難しいのはもちろんだが、学年が上がるにつれて、学習の遅れが知的障害に起因するものか、学習の成り立ちにくさ（授業時のやりとりができない、ノートが取れない、不登校など）によるものかの判断が困難になる。年齢の高い児童・生徒に対しては、知的能力を推測するために生育歴の丁

寧な見直しが必要になる。
　（介入方法については第4章「Ⅳ　タイプ別の介入方法」、コミュニケーションのとり方については第4章「Ⅵ　コミュニケーションをとる方法」、知的能力の把握については第5章「Ⅳ　知能検査の考え方」参照）

事例

　Eが、相談に来はじめてから大学で話せるようになるまで、2年間かかった。Eは発達がゆっくりで、母親の記憶では最初のことばを話したのは1歳8ヵ月の頃だったという。また、もともと人見知りが強く、何ごとにもゆっくり取り組むタイプであった。年の離れた小さい子は好きで、近所に住んでいる保育園の子たちと遊んでいるときは元気な声が出ているそうである。
　小学校に入ってからは、担任が何かと気を配って接してくれたこともあって、2年生の終わりくらいまではクラスで楽しそうに話す様子も見られた。しかし3年生になってから、徐々に学校で話せなくなっていった。クラスと担任が替わったことや、ゆっくりなEのペースにあわせてくれる友だちが少なくなったこと、学習面の遅れなども影響していたのではないかと推察される。4年生で筆者の大学に相談にきたときは、家では話しているが、学校では一言も話せない状態であった。
　5年生になり、クラスの環境が大きく変わった。これまで何とかまとまってきたクラスが次第に荒れ始め、大人しいEはいじめの標的になった。Eは学校で話せないだけでなく、表情もほとんどなくなり、学校に行くのも渋るようになった。しかし、親の仕事の都合もあって、無理して学校に通わせる時期が続いた。やがて、学校に行こうとすると玄関で動きが固まってしまうという緘動の症状や、筆箱の中の鉛筆を何分もかけて削り続けるというこだわり行動がみられるようになった。このため、大学での相談は継続しながら、児童精神科のある大きな病院を受診することになった。
　Eの状態が落ちついてきたのはその後、知的障害特別支援学級に入級が決まって、しばらくしてからである。お試しで利用した特別支援学級は、Eにとってクラスとは異なり安心して過ごすことのできる場所であり、そこでの学習もEの能力にあったものであった。何より、Eのペースに併せてコミュニケーションをとってくれる先生の存在が大きかった。特別支援学級に通い始めて1ヵ月後には、Eはこの学級でなら先生や他の入級児と会話をすることができるようになっていた。これと前後

して大学での相談の際も笑顔が増え、ようやく最初の一言を聞くことができたのである。

　なお、病院で実施した WISC-Ⅳ の FSIQ は 69 であった。この数値が E の能力をどの程度反映したものかはわからないが、E にとって特別支援学級が適した環境であったことは間違いないだろう。

Ⅳ　ICF（国際生活機能分類）による場面緘黙の理解

　場面緘黙を正しく理解し、適切な介入方法を検討するためには、ICF（国際生活機能分類）の視点が非常に有効である。ICF は 2001 年に WHO（世界保健機関）の総会で採択された「生活機能」についてのモデルであり、正式名称は「生活機能・障害・健康の国際分類（International Classification of Functioning, Disability and Health）」という。

　ICF の考え方を理解するには、その前身である ICIDH（国際障害分類；WHO, 1980）から見ていくとわかりやすい。

（1）ICIDH から ICF へ

　ICIDH は障害を「機能・形態障害」「能力障害」「社会的不利」の 3 つの水準で捉えるという点で画期的なものであった（図 1-3）。その一方で、ICIDH には多くの批判や誤解があった。特に重要な点は、障害の発生には機能・形態障害や能力障害だけでなく、環境的な因子が大きく影響するという指摘である。

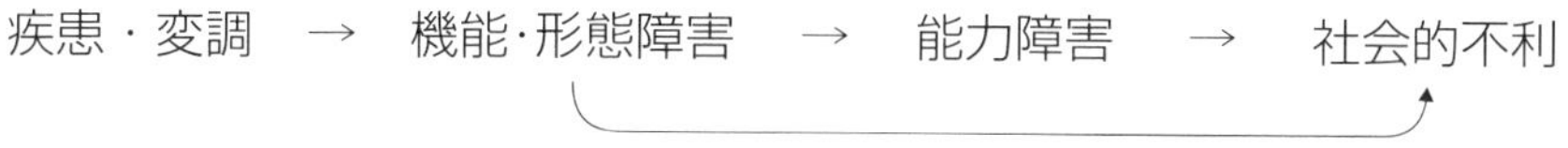

疾患・変調　→　機能・形態障害　→　能力障害　→　社会的不利

図 1-3　ICIDH（国際障害分類）モデル（1980）

　障害を、疾患から生じる個人の能力や機能の問題と捉える考え方を「医学モデル」と呼ぶ。医学モデルでは障害を個人の能力や機能が原因と捉え、その改

善にあたっては個人の能力や機能の向上を目指すことになる。一方、障害は個人ではなく「社会的障壁」によって生じるという考え方を「社会モデル」と呼ぶ。ICIDH の考え方はこれらのうち医学モデルのみによっているものであり、社会的障壁の問題を考慮していない、という点が批判された。

(2) ICF の考え方

これらの批判を受け、2001 年に改訂されたものが ICF（国際生活機能分類）である（図1-4）。「国際障害分類」から「国際生活機能分類」へと変更されたことからもわかるように、ICF は「障害」だけを定義づけたものではなく、人が「生きる」「生活する」こと（生活機能）というプラス面に注目している。

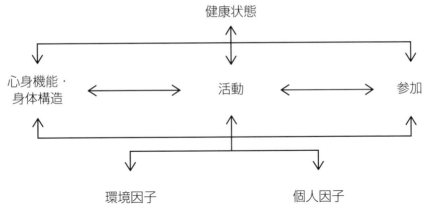

図 1-4　ICF（国際生活機能分類）概念図

●生活機能

「生活機能」とは人が生きることの全体であり、「心身機能・身体構造」「活動」「参加」の3つの水準によって概念化されている。「心身機能・身体構造」は体の動きや精神の働き、感覚などの機能や、四肢や内臓といった身体の部分を指す。「活動」は生活の中での目的をもった一連の動作からなる行為のことで、歩く、話す、書く、食べる、といったものを指す。「参加」は「活動」よ

りも広い概念であり、家庭や社会を含めたさまざまな場面において期待される役割を果たすことを示す。ここで言う役割とは「係の仕事」「委員会」といったことば通りの仕事だけでなく、「子どもが子どもらしく過ごす」といったより広い意味での役割を指す。従って、友だちと遊ぶのも学校で勉強するのも、子どもにとっては重要な参加であると言える。

● 相互作用モデル

　ICFの特徴の1つは、「相互作用モデル」であるという点である。要素間が相互の矢印でつながっていることからわかるように、各要素は相互に影響を与え合う。例えば、「知的能力」という心身機能は「話す」「歩く」といった活動や「学校で勉強をする」といった参加に影響するが、「学校に通えない」という参加の制約があればさまざまな活動が制限され、知的能力の低下につながる可能性が考えられる。

● 背景因子

　ICFでは、「環境因子」および「個人因子」と呼ばれる「背景因子」の考え方を導入した。

　環境因子とは、その人を取り巻くさまざまな社会的な要因である。「社会モデル」の考え方では、障害は本人の中にあるのではなく社会的障壁によって生じるものであると捉え、この社会的障壁を取り除いていくことの重要性を指摘している。例えば、段差という物理的障壁であれば、スロープやエレベータによってその障壁を取り除くことができる。環境因子には物理的な環境だけでなく、人的な環境や社会の意識、さらには制度や政策といった広い概念が含まれる。ICFは従来の「医学モデル」に「社会モデル」の考え方を取り入れた「統合モデル」であると言うことができる。

　個人因子は、その人固有の特徴を指すものであり、年齢や性別、価値観、ライフスタイルなどが含まれる。上田（2005）は個人因子は軽く見られているきらいがあるが、「個性」とほとんど同じものではないかと述べ、その重要性を指摘している。

(3) ICFによる場面緘黙の理解

先述の通りICFは「障害」だけを定義したものではなく、生きることにおける困難として、生活機能の中に障害を位置付けている。場面緘黙についても、まず話せている状態があり、その中の特定の社会的な状況において「話すこと」という活動の制限や、参加の制約が生じると捉えることが大切である。

● 心身機能・身体構造

情動機能や気質と人格の機能（外向性、協調性など）、活力と欲動の機能の他、知的機能、言語に関する精神機能（言語受容、言語表出など）、音声機能、音声言語の流暢性とリズムの機能など幅広いものが関係する。

● 活動

「話す」ことはもちろんだが、子どもによっては書字、運動、食事や排泄などのさまざまな動作に制限があることがある。

● 参加

学校や地域、家庭における生活全般にわたるさまざまな制約が生じる。「音読」「日直」といった話すことに直接関わるものだけでなく、友だちと学校で遊ぶとか、塾に通うといったような子どもとしての参加が幅広く制約される。

● 環境因子

本来話す力のある場面緘黙児にとって、話せなくなる社会的な状況とは相手（教師やクラスメイト）や場所（教室や学校）である。社会モデルの考え方からは、学校という環境が社会的障壁となり、その子を場面緘黙児にしてしまうと捉えることができる。しかし他者や「社会」そのものを取り除くことはできないため、取り除くことのできない「社会」において、いかに社会的障壁を少なくしていくかが重要である。

さらに、話せないという状態は友人関係を築くことの障壁になる。場面緘黙状態であることが、環境因子へも負の影響を及ぼしているのである。このような視点から考えると、場面緘黙児のアセスメントや介入において、環境因子を考慮することは非常に重要である。

● 個人因子

個人因子には、本人の「〜ができるようになりたい」「〜になりたい」と

いった願いや気持ちも含めて考えておくことが大切である。このような本人自身の思いを〈主体・主観〉と呼ぶ。西村（2014）はICF活用において〈主体・主観〉を取り入れることは、「主体的に活動し参加する自己としての子どもの有様・生きる姿を捉え、その対応を図る糸口を考えさせる」ことから、よりよい考えを教育にもたらすことを指摘している。

個人因子を「その人らしさ」と言い換えれば、「話せる／話せない」「友だちがいる／いない」ということ以上に、その子が「話すこと」や「友だち」についてどう思っているのかという価値観が問われることになる。「話せるようになること」は1つのゴールではあるが、それは「その子らしさ」の中でのものでなければならない。

● 相互作用モデル

各要素間の相互作用に注目することで、より場面緘黙の理解を深めることができる。不安が強いことによって話せなくなりクラスの中での子ども同士の関わりが少なくなる（心身機能→活動・参加）、という捉え方はわかりやすい。しかし反対に、子ども同士の関わりが少なくなれば話す機会は減少し、このような状態が長く続くことで同世代との年齢相応のコミュニケーションをとる力が育ちにくくなる可能性もある（活動・参加→心身機能）。また体の動きが固まってしまっているような状態でいることが、かえって不安や緊張を増幅させてしまうことになるかもしれない（活動・参加→心身機能）。従ってこのような相互作用は悪循環すると考えることができる。

さらに、相互作用は生活機能の3つの水準の中だけでなく、環境因子や個人因子とも関わる。話しかけられても返事ができなければ友だちは減ってしまうし（活動→環境因子）、友だちがいないことによって話せない状態が持続する（環境因子→活動）。話せない状態だと、友だちを作ることが難しい（活動→環境因子）。

以上、場面緘黙を理解する上で重要なICFの考え方について述べた。ICFの考え方は、理念としてだけでなくアセスメントや介入においても必須のものとなる。ICFの視点を用いたアセスメントについては第5章で述べる。

（4）環境因子との相互作用から見た場面緘黙状態の変化

　環境因子と生活機能の相互作用は先にも述べたが、ここではライフステージに渡る相互作用について、学齢期を中心に説明する。

◉場面緘黙の発症

　場面緘黙の発症は多くは幼児期である。正確には「発症」というよりも「顕在化」と捉えた方がよいだろう。幼稚園・保育園に入園する前は、ほとんどの子どもは家庭だけが生活の場であり、関わる相手も家族が中心である。入園という環境の変化は、子どもにとって初めての家庭とは異なる集団との出会いであり、両親と離れる機会でもある。それまで「人見知りが強い」「引っ込み思案」などと言われてきた場面緘黙発症リスクの高い幼児において、このような環境の変化によって場面緘黙が顕在化すると考えることができる。

◉幼稚園・保育園における環境因子

　幼稚園・保育園において場面緘黙に与える影響が大きい環境因子は、保育士と他の園児たちである。保育士は幼児にとって長期間関わることになる初めての大人であり、場面緘黙児にとっては最初の「話せない相手」となるかもしれない。

　幼児期における子どもの発達は著しい。年中から年長にかけて、「メタ認知」や「心の理論」の発達に伴って自己や他者の思考の理解が可能になり、「○○ちゃんは△△」「□□ちゃんは自分が△△であることを知っている」というような考え方ができるようになる。場面緘黙状態の子に対しても、「話せない子」という認識が園児たちの中に明確になってくる時期である。

　また幼児期後半は気の合う仲間集団が形成される時期でもある。同性同士の遊びが増えたり、仲間意識の芽生えによって「○○ちゃんとは遊ばない」といったことばが聞かれるようにもなる。このような園児たちの変化は、場面緘黙状態の子にとっては「仲間はずれ」や友だちができにくいという状態につながる可能性がある。

◉卒園～小学校入学

　小学校への入学は場面緘黙児にとって重要な環境の変化である。園時代にすでに他の園児から「話せない子」と見られており、本人もそのことを認識して

いる。そのような場面緘黙児にとって小学校入学は「新しい自分」になるチャンスである。小学校側は、場面緘黙の可能性のある子の情報は就学時健診で確実に把握し、入学前から保護者との連携を進める必要がある（具体的な方法については第4章「Ⅶ　環境の変化を活かした介入方法」参照）。

　小規模自治体など、地域によっては園から小学校への進学で構成するメンバーがほとんど替わらないところもある。このような場合、建物や教職員の変化といった環境の変化を十分に活かせるよう、準備を進めることが必要である。

●小学校における環境因子

　小学校では、音読や当番など、集団の前で「話すこと」が求められる機会が増加する。このため話せないことによって困ることが生じる場面も、園時代と比べると増加する。また、クラスの児童からは明確に「話せない子」と捉えられるようになる。

　環境面では友だち関係の問題の影響は大きい。子どもによってはうまく友だちが作れないこともあり、話す相手がいないことによって話せない状態が持続するという悪循環になる可能性もある。学年が上がると友人関係の固定化が強まるため（ギャングエイジ）、グループに入れない児童は孤立してしまうことも考えられる。併せて、教師も場面緘黙に強い影響を与える環境因子であることも認識しておく必要がある（詳細は第2章「Ⅱ　クラスの環境づくり」参照）。

　学校での出来事としては、委員会やクラブ活動など他学年の児童との交流や、宿泊のある行事などがある。これらは高いハードルとなる一方、大きなチャンスにもなる。「どう乗り切るか」だけでなく、本人の気持ちと相談しながら、自分を変えるための機会としても活用できないか模索することが大切である（詳細は第2章「Ⅲ　授業・学校生活における配慮・対応の実際」参照）。

　場面緘黙状態の改善に寄与する可能性のあるものとしては、席替えやクラス替えのような環境の変化が挙げられる。

●小学校卒業〜中学校入学

　中学校への進学は場面緘黙児にとって非常に大きな環境の変化である。地域にもよるが、多くの中学校は数校の小学校からの進学がある。幼稚園・保育園

から小学校への入学とは、本人の意思や周囲の児童の関わりなど、多くの面で異なるため、中学校進学はこれまで場面緘黙状態で過ごしてしまった自分を変えるためのとても大きなチャンスとなる。6年生のうちには小学校と中学校で連携し、学校見学などの準備を進めることが有効である。また私立の中学校や学区の違う中学校への進学も選択肢となる。

● 中学校における環境因子

　学校生活の中では、教科担任制となるため関わる教職員の数が増える。また部活という新しい生活の場ができることも環境の変化としては大きい。これらの変化は、「家庭−家族」と「学校−担任・クラスメイト」が主な生活の場であった小学校時代と比較すると、「人・場所・活動」という「話せる場面」を作るための組み合わせが増えることになる（第4章「Ⅲ　話せる場面を広げる方法」参照）。

　その一方で、中学では小学校と比較して特別な支援ニーズを抱える生徒への個別の支援が受けにくくなる。中学校では1人の教師が個々の生徒と関わったり観察したりする時間が少なくなり、担任の担当する教科によっては日中の関わる時間が大幅に限定される。また、通級指導教室がほとんど設置されていないことや、柔軟な特別支援学級の利用が小学校よりできづらい、といった制度面や校内資源の問題もある。

● 中学校卒業〜高校入学とそれ以降

　高校入試は中学校への進学とは異なり、多くの選択肢の中から自分の進路を決めることができる機会である。小学校から中学校までは同じようなクラスメイトで過ごさざるを得なかった場合でも、高校についてはほとんど知っている人のいない学校を選ぶことが可能になる。実際、場面緘黙児の中には小学校のうちから、「高校に行くときには……」という思いを抱えている子もいる。

　関わる大人が増えて生活の場が広がるとともに、個々の生徒への個別の支援が手薄になるという傾向は、中学校よりも顕著になる。場面緘黙は特別な支援ニーズを有しているというより、「話さないだけ」と見られてしまう傾向が強まる。このため高校によっては、「話せない」ことで受験上不利になることもある。合理的配慮が受けられず、受験ができなかったり、面接で必要な配慮が

得られなかったりすることもある（合理的配慮についての詳細は第2章「Ⅰ 「合理的配慮」の考え方」他を参照）。

> **事例**
>
> 　大学に相談にきているときのFは、普通の中学生の女の子である。少し緊張はするが、筆者とも会話をすることができるし、学生とだったらもっと自然に話すことができる。大学での様子だけを見れば、Fが中学校で話せないという姿を想像することが難しいだろう。
> 　Fは小学校高学年までは人前での緊張が強く話すことができなかったが、中学生になってからは緊張が減り、表情も見られるようになった。これまでの自分を知らない相手なら、大人でも同世代の相手でも話せるようにもなった。これはF自身の努力が大きい。「話せるようにがんばろう」と決意して、初めての相手に対してがんばって声を出すのだという。中学2年生になってからは、部活の大会で知り合った同世代の中学生に自分から声をかけることができたと、Fの母親から聞いた。しかし、Fは自分の中学校では話すことができない。これには、Fの暮らしている環境が関係しているかもしれない。
> 　Fの住んでいる町は、県内では比較的小規模で人口も少ない。町には保育園、小学校、中学校がそれぞれ1つずつだけである。だから保育園で一緒だったメンバーは、中学3年生まで12年間ずっと一緒ということになる。Fは保育園からずっと場面緘黙状態で過ごしてきてしまったから、クラスメイトは全員Fのことを「話さない子」だと思っている。Fは本当は話したいし、話す力もある。しかし、周りの環境によって場面緘黙状態が維持してしまっているのである。
> 　Fは、中学校では吹奏楽部に所属している。中学校から始めたクラリネットも上手に吹けるようになった。3年生に上がるときにFは、自分が後輩を指導する立場になるんだし、新しく入ってきた後輩に対して話しかけようと思っていた。2つ学年が離れていれば、知らない子も多いので大丈夫だと思った。ところが1年生が入ってきた部活の初日に顧問の先生が、「Fさんは人と話すのが苦手ですから」と紹介してしまったのだ。このためFは、1年生に対しても話すことができなくなってしまった。
> 　Fは高校受験のため、塾に通っている。同じ中学から生徒がほとんど進学しない、離れた高校に通うためだ。今のFなら高校に入れば、話せるようになるだろう。も

ちろんこの塾も、中学校の学区からは少し離れている。同じ中学の生徒はいないから、塾でもFは話すことができる。

　ある日、この塾に同じクラスの男子生徒が入ってきてしまった。Fは「このままでは塾でも話せなくなってしまう」と考えた。困ったFは、一大決心をした。その男子生徒に手紙を書いたのだ。"私はこの塾では話すことができる。私が塾で話していることを、クラスのみんなに言わないでほしい……"おかげでFは、塾では「場面緘黙」にならずに済んだ。

　Fは少しずつ場面緘黙の改善に向かっている。それはFの緊張が減ってきたことも要因の1つだが、Fが環境を切り拓こうとしていること大きい。そして何より、F自身の「話せるようになりたい」「本当の自分を出せるようになりたい」という思いが、その原動力になっているのだろう。

第2章

学校生活における配慮や工夫

I 「合理的配慮」の考え方

(1) 障害者権利条約と障害者差別解消法

　2006年12月に国連総会において採択された障害者権利条約（障害者の権利に関する条約）は、「全ての障害者によるあらゆる人権及び基本的自由の完全かつ平等な享有を促進し、保護し、及び確保すること並びに障害者の固有の尊厳を促進すること」を目的として、締約国にはそのための必要な措置をとることを求めている。わが国では国内法の整備を進めた上、2014年に批准している。教育について定めたのは第二十四条で、ここでは「締約国は、この権利を差別なしに、かつ、機会の均等を基礎として実現するため、障害者を包容するあらゆる段階の教育制度及び生涯学習を確保する。」とされており、具体的には以

表2-1　障害者権利条約　第二十四条　教育

2　締約国は、1の権利の実現に当たり、次のことを確保する。
　(a) 障害者が障害に基づいて一般的な教育制度から排除されないこと及び障害のある児童が障害に基づいて無償のかつ義務的な初等教育から又は中等教育から排除されないこと。
　(b) 障害者が、他の者との平等を基礎として、自己の生活する地域社会において、障害者を包容し、質が高く、かつ、無償の初等教育を享受することができること及び中等教育を享受することができること。
　(c) 個人に必要とされる合理的配慮が提供されること。
　(d) 障害者が、その効果的な教育を容易にするために必要な支援を一般的な教育制度の下で受けること。
　(e) 学問的及び社会的な発達を最大にする環境において、完全な包容という目標に合致する効果的で個別化された支援措置がとられること。

下のことが確保されるように求められている（表2-1）。

このうち、(c)が「合理的配慮」に関する記述である。合理的配慮については障害者権利条約第二条に定義があり、「「合理的配慮」とは、障害者が他の者との平等を基礎として全ての人権及び基本的自由を享有し、又は行使することを確保するための必要かつ適当な変更及び調整であって、特定の場合において必要とされるものであり、かつ、均衡を失した又は過度の負担を課さないものをいう。」とされている。

また「共生社会の形成に向けたインクルーシブ教育システム構築のための特別支援教育の推進（報告）」（中央教育審議会初等中等教育分科会、平成24年7月23日）では合理的配慮について、「障害のある子どもが、他の子どもと平等に「教育を受ける権利」を享有・行使することを確保するために、学校の設置者及び学校が必要かつ適当な変更・調整を行うことであり、障害のある子どもに対し、その状況に応じて、学校教育を受ける場合に個別に必要とされるもの」であり、「学校の設置者及び学校に対して、体制面、財政面において、均衡を失した又は過度の負担を課さないもの」と定義している。西村（2014）によると、合理的配慮を平易なことばで表現すると「障害のある子どもが障害のない子どもとともに学習し学校生活を送ることができるようにする環境整備」であり、「障害のある子どもが直面する学習や学校生活上の困難を改善し、子どもの能力を最大限に引き出す手だて・環境を用意すること」であるという。

学校などにおける合理的配慮を提供する義務は、2016年（平成28年）4月に施行された「障害を理由とする差別の解消の推進に関する法律（障害者差別解消法）」に明記されている。この法律では国や地方公共団体、行政機関や事業者に対して差別の解消に向けた取り組みを行なうことを義務づけており、学校については「行政機関等及び事業者は、社会的障壁の除去の実施についての必要かつ合理的な配慮を的確に行うため、自ら設置する施設の構造の改善及び設備の整備、関係職員に対する研修その他の必要な環境の整備に努めなければならない。」とされている。またこの法律では、国民に対しても「障害を理由とする差別の解消の推進に寄与するよう努めなければならない。」としている。

（2）場面緘黙は「障害」か

　場面緘黙は、「話さないだけで障害ではない」「家では話しているから障害ではない」「極端に大人しいだけだから障害とは呼べない」という捉えられ方をすることがある。場面緘黙が日常用語としての「障害」に当てはまるかどうか、場面緘黙を「障害」と呼ぶべきかどうか、というのは個々の判断に委ねられるものであって構わないし、「話さないだけであって、障害ではない」と当事者や保護者が主張することは差し支えない。しかしそれとは別に、法律で守られる権利というレベルで捉えたときには、場面緘黙は「障害」に該当するということを正しく認識しなければならない。

　場面緘黙は「障害」に該当することの根拠は、「発達障害者支援法」に見いだすことができる。この法律では、発達障害の定義を「第二条　この法律において「発達障害」とは、自閉症、アスペルガー症候群その他の広汎性発達障害、学習障害、注意欠陥多動性障害**その他**これに類する脳機能の障害であってその症状が通常低年齢において発現するものとして政令で定めるものをいう。」（太字は筆者）としている。場面緘黙はこの「その他」に該当することから、発達障害者支援法において定義される「発達障害」に含まれる[※]。

● 場面緘黙は合理的配慮の対象になり得るか

　場面緘黙は「障害」に該当するから、合理的配慮の対象となる。これだけでも説明としては十分だが、さらに根拠となるものを挙げておきたい。先述の「共生社会の形成に向けたインクルーシブ教育システム構築のための特別支援教育の推進（報告）」では別表として障害種別に応じた合理的配慮を例示しており、ここには「自閉症・情緒障害」の項目がある。場面緘黙は学校教育においては「情緒障害」に分類されることから[※]、この報告で示している合理的配慮の対象にも含まれると解釈できる。

（3）配慮や対応にあたって

● 必要な配慮や支援は一人ひとり異なる

　困っていることや困り方は人それぞれであり、どのような子にも当てはまるという共通の配慮や対応があるわけではない。アセスメントに基づき、個に応

じた対応を検討しなければならない。またアセスメントにあたっては、個人内の問題に留まらず、学校の環境や資源（教職員、クラスなど）についても考慮が必要である。

● 本人とも相談する

どのような配慮や対応をすべきかについては、本人の意志を確認しなければならない。大人から見える困りごとと、本人の困りごとは同じではない。「そのくらいできる／できるようになりたい」と思っていることもあるし、助けてほしいと思っている部分もあるだろう。

● 話せないことだけではない

場面緘黙児が抱える悩みは「話せないこと」だけではない。一見小さなことのようであっても、その子にとっては学校に行くことが嫌になるくらいの大きな悩みだということもあり得る。場面緘黙に関わることだけでなく、その時その時で直面しているさまざまな問題を、その子の気持ちに寄り添って丁寧に聴き取り、解決方法を考えることが大切である。

● がんばることも必要

単に困難だから配慮したり回避したりするというだけでは、いつまでも配慮が必要な状態が続いてしまうかもしれない。難しいことに挑戦するのは、大切なことである。配慮するだけでなく、場面緘黙状態の改善につなげることはできないかという視点でも検討する必要がある。

● ねらいを明確にする

「合理的配慮」ということばを使わなくても、学校の裁量で配慮を行なうことは十分可能であるし、実際に多くの学校で行なわれていることであろう。しかし、学校教育においては、「○○ができないから」といったその場しのぎの対応ではなく、いかにその子の成長・発達を促すかという視点が重要である。このため合理的配慮の検討にあたっては、個々の配慮の可否や方法だけでなく、それらがその子の支援計画の中にどのように位置付くのかという点が重要である。合理的配慮の提供を適切に行なうためには、学校と保護者（場合によっては本人も含む）との合意に基づき個別の指導計画を作成することが求められる。

◉根拠を明確にする

　合理的配慮の中には、「試験時間の延長」のように他の児童・生徒との公平性を考えたときに慎重に検討する必要のあるものや、入試のように学校の裁量だけでは判断ができない問題も存在する。このようなケースでは、合理的配慮を提供するための根拠として診断書が必要になる。診断書が提出された場合学校や教育委員会は、障害者差別解消法に則って適切な対応を行なう義務が生じる。

※「発達障害」：発達障害者支援法における定義では、「その他これに類する脳機能の障害であってその症状が通常低年齢において発現するもの」と書かれている。この「その他」に関しては平成17年4月に文部科学省及び厚生労働省次官の連名で出された通知に、「定義について」として「法の対象となる障害は、脳機能の障害であってその症状が通常低年齢において発現するもののうち、ICD-10（疾病及び関連保健問題の国際統計分類）における「心理的発達の障害（F80-F89）」及び「小児〈児童〉期及び青年期に通常発症する行動及び情緒の障害（F90-F98）」に含まれる障害であること。」と述べられている。場面緘黙（選択性緘黙）はICD-10では「F94　小児期および青年期に特異的に発症する社会的機能の障害」に分類されていることから、場面緘黙も発達障害者支援法に定義される「発達障害」に該当することがわかる。

※「情緒障害」：「情緒障害」は学校教育の制度上の分類であり、情緒障害という障害や病気が存在するわけではない。「教育支援資料」（文部科学省、平成25年10月）によると「情緒障害とは、状況に合わない感情・気分が持続し、不適切な行動が引き起こされ、それらを自分の意思ではコントロールできないことが継続し、学校生活や社会生活に適応できなくなる状態をいう。」と説明されている。情緒障害教育の対象として、同資料には「その障害により、社会的適応が困難となり、学校などで集団活動や学習活動に支障のある行動上の問題を有する子供であり、主として心理的な要因の関与が大きいとされている社会的適応が困難である様々な状態を総称するもので、選択性かん黙、不登校、その他の状態（重症型のチックで薬物療法の効果が見られない事例など）の子供である。」と書かれている。

　特別支援学級について規定した学校教育法第81条の2には情緒障害はなく、通常学級に在籍する児童・生徒への特別の教育課程について規定した学校教育施行規則第140条に特別の教育課程によることができる障害として言語障害、自閉症、

弱視などと並んで「情緒障害者」が挙げられている。

　なお、情緒障害は従来より特殊学級（現在の特別支援学級）の対象とされてきたが、かつての「情緒障害」概念の筆頭には「自閉症」が挙げられていた。「障害のある児童生徒の就学について」（14文科初第291号平成14年5月27日）では情緒障害の説明として「キ　情緒障害者　―　自閉症又はそれに類するもので、他人との意思疎通及び対人関係の形成が困難である程度のもの　二　主として心理的な要因による選択性かん黙等があるもの（以下略）」と書かれている。これについてはその後、名称を「情緒障害者」から「自閉症・情緒障害者」に変更するという修正が施されている（「『情緒障害者』を対象とする特別支援学級の名称について（通知）」20文科初第1167号平成21年2月3日）。またこのこととも関わって、通級による指導では「情緒障害」のみを対象とするが、特別支援学級では対象が「自閉症・情緒障害」となっている。

II　クラスの環境づくり

(1) ユニバーサルデザインの視点

　「社会モデル」の考え方では、場面緘黙にとって、教師やクラスメイト、教室や学校そのものが社会的障壁になり得る。しかし子どもの生活において、「学校」を取り除くことは通常はできない。学校があることを前提に社会的障壁を減らすためには、環境因子である学校やクラスへの介入は避けて通ることができない。特にクラス（学級）は、日本の学校教育においては学校生活の基盤であり、単に長い時間を過ごすという以上に、生活の「共同体」としての側面を強くもっている。クラスは「人間関係」という要素と不可分に結びついていると言える。

　学校生活の基盤となるクラスという環境因子へのアプローチを行なうにあたっては、クラス内の他の児童・生徒たちに対しても何らかの影響がある。場面緘黙児にとって必要な支援であっても、無制限にどのような介入でも許されるわけではない（授業から音読をなくす、日直の仕事をクラス全体でやめるなど）。このため環境因子へのアプローチを行なう際には、まず場面緘黙児だけでなく、クラスにいるすべての児童・生徒にとってもよいものであることを目指さなけ

ればならない。近年、このような視点での指導内容や方法の工夫は、教育のユニバーサルデザイン化と呼ばれている。

ユニバーサルデザインは本来、学習指導だけでなく生活環境全般において用いられる概念である。場面緘黙児が力を発揮できる環境を整えるにあたっては、まず「誰にとっても力が発揮しやすい環境」を目指さなければならない。

（2）力が発揮しやすい環境

場面緘黙児が所属するクラスが「誰にとっても、もっている力が発揮しやすい環境」であるためには、2つの要件が存在する。1つ目は、何よりもまず安心・安全が保障されていることである。学校がその子にとって怖いところ、行きたくないところになってしまっており、日々辛い気持ちで学校に通っているような状況では、場面緘黙の改善どころではない。

もう1つは、その集団がコミュニケーションを促進する機能を有していることである。コミュニケーションには必ず相手がいる。自分から何かを発信したくなるには、発信したものが相手に受け容れられるという土壌がなければならない。これは、安心・安全が保障されていることを前提にした、より高次な水準であると言える。

この2つの水準の関係はマズローの「欲求階層説」の考え方を使うとわかりやすい（図2-1）。欲求階層説は、人は高次な欲求である自己実現に向かって成

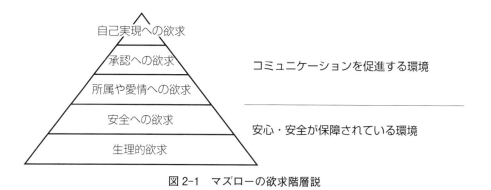

図2-1　マズローの欲求階層説

長していくという考え方をモデル化したもので、生理的欲求を基底として、心理社会的欲求が階層的に配置されている。

（3）安心・安全を保障する
　安心・安全を保障するには、欲求階層説における下位の2つの層である「生理的欲求」と「安全への欲求」が満たされていなければならない。
●生理的欲求
　飢えや渇き、排泄といった欲求であり、この欲求が満たされていない状態では他の活動を十分に遂行することが困難になる。映画館でトイレに行きたくなってしまったとき、トイレを我慢していたのでは映画の世界に入り込むことができないだろう。
　場面緘黙児の中には、人前で食事や排泄ができないという子は珍しくない。小学校低学年では、生活習慣の形成という意味合いからしつけ的な要素の指導が強くなることもある。しかし、生理的欲求を満たすという視点からは、「安心してトイレに行ける」「楽しく食事が食べられる」といった環境を整えることが求められる。
●安全への欲求
　恐怖や危険から身を守り、安心を得ようとする欲求。「不安」もここに含めて考えることができる。安全への欲求が満たされた状態とは、本人が恐怖や危険、不安を感じずに安心して過ごせる状態である。日本の学校では具体的に何らかの危険が差し迫るという状況はほとんど存在しないが、暴力やいじめなど恐怖を感じる対象が実際に存在する場合は、速やかに取り除かなければならない。
　しかし、それだけでは安全への欲求を満たすには十分ではない。恐怖とは主観的なものであり、子ども自身が恐怖や危険を感じる対象はさまざまである。子どもによっては、クラスメイトの視線やざわめき、先生の声や表情も怖く感じるだろう。
●特定の人に対する恐怖
　子どもが恐怖を感じやすい対象は、大人である。特に「担任が怖い」という

子は多い。担任以外であれば、多少怖くても関わらなければ済むので生活への支障は少ない（校長先生が怖くても、子どもはあまり困らない）。だから、場面緘黙児の担任教師は、自分がその子からどう思われているかを把握しておく必要があるだろう。

教師によっては、怒鳴ったり威嚇したりすることがある。場面緘黙児は、自分自身に言われたことでなくても、誰かがそのような形で注意を受けていると恐怖を感じることが多い。このような担任の言動に恐怖を感じているとしたら、担任が声を出す度にその子は恐怖を感じることになるかもしれない。

クラス全体に聞こえるように大きな声を出すのはよいが、怖がらせる必要はない。不適切な行動を注意したり指導をしたりするのも、怒鳴らないで行なう方が効果的である（怒鳴って言うことを聞かせているとしたらその子は「怖いから言うことを聞いている」だけで、怒鳴るのをやめれば聞かなくなるだろう）。もちろん、教師としてクラスの誰かを真剣に叱らなければならないときもあるが、その時は他の子に見えないところでその子だけを叱るべきだろう。

教師集団はチームであるので、役割分担という側面もある。集団の規律を守るために「怖いキャラ」になっている教師もいるだろう。また教師という役割自体に起因する問題もある。受容・共感的な態度で児童・生徒に関わることができていたとしても、教師は評価を下す立場であるということから逃れることができない。テストの採点もしなければならないし、ダメなものは「ダメ」と言わなければならない。このようなジレンマを解消する方法は、教師個人ではなくチームで取り組むことである。場面緘黙児の日常が担任への恐怖一色になってしまわないよう、複数の教師が役割分担して、安心感をもって接することができる教師を作ることが求められる。

● 不特定の人・クラスの環境に対する恐怖

特定の人以外でも、「大人の男性が怖い」「声の大きい人が怖い」のような人の属性や特性に関わる部分に恐怖を感じる場合がある。あるいは「視線が怖い」「集団が怖い」というように不特定多数の人が対象となることもある。不特定多数の人が恐怖の対象となる場合、話せないだけでなく教室に入れなくなってしまうこともある。

このような場合、恐怖の対象をよくアセスメントし、それが取り除けるものであれば取り除く方法を検討する。そうでない場合は参加の形態を変えるといった代替的な手段を検討する。例えば「視線が怖い」という場合、視線を感じにくいように座席を教室の後ろに配置するとか、注目を浴びる場面を作らないようにするといった配慮が考えられる。またクラスでは安心感が得られにくい場合は、その他に安心できる場所を確保することも必要である。その子の状態によっては、教室に入ることを強制せず、相談室や特別支援学級を利用しながら安定して学校に通えることを目指す方がよい場合もある。

● 特定の行為に対する恐怖

話すことや苦手な行動をとることを強制されるのも、場面緘黙児にとっては恐怖を感じる。音読のときに「声を出すまで座らせない」というのは苦痛や恐怖感を与えるだけである。音読は毎日あるし、日直も度々巡ってくる。場面緘黙児は日々恐怖を感じながら生活しているのかもしれない（「Ⅲ　授業・学校生活における配慮・対応の実際」参照）。

● 不安

不安は対象が明確ではない恐怖心である。何が怖いのか自分でもよくわかっていない、漠然とした恐怖の場合、「不安の素はどこにあるのか」を明らかにしようと思ってもうまくいかない。原因を探すよりも、どのような状況（人、場所、活動）なら安心して過ごせそうかを考える方がよいだろう。

不安は、明日の予定がわからない、宿題の範囲があっているのかわからない、のように先の見通しに起因することがある。予定をくり返し確認するような行動が見られる場合、実は連絡帳に予定を書き写せていないことによる場合もあるので、このような訴えがあった際にはスケジュールの確認がしっかりできているかというところから見直してみるとよい。

また、学校行事で予定が不規則になっているときや進級や進学が近いとき、家庭の事情で環境の変化があるときにも不安が大きくなりやすい。このような場合は、まず日々安心して過ごせるように生活のリズムを整え、見通しをもって生活できることが大切である。

（4）コミュニケーションを促進する

　安心・安全を保障した上で、コミュニケーションを促進するクラスづくりをどのように考えたらよいだろうか。欲求階層説における上位の2つの層である「所属や愛情への欲求」「承認への欲求」という視点から検討する。

●所属や愛情への欲求

　集団の一員として認められることを求める欲求。制度上所属しているとか物理的に同じ場所にいるというだけでなく、本人がその学級に所属しているという感覚をもっていることが大切である。クラスがその子にとって「居場所」として機能している状態であるとも言える。

　障害のある子がクラスにいる場合に、物理的には確かにその場にいるが、そこで意味のある活動を行なったり関係性を築いたりできていないことがある。場面緘黙児も、活動への参加が消極的であったり自己主張が少ないとこのような状態になってしまうことがある。負担にならない範囲で、積極的な参加を促すことが求められる。

　集団に所属しているという感覚を有するためには、個々に役割をもたせることが大切である。場面緘黙状態だと、日直や特定の係活動に支障がでるため、「配慮」という形で役割を免除されてしまうことがある。日直など前に出て話す必要がある役割であっても、本人の意志を確認し、どのような方法なら可能かを相談するのがよい。クラスの中で求められる役割を果たしそれを周りから認めてもらうことが、クラスへの所属を促進させることになる。

　特別支援学級・通級、あるいは相談室を利用していたり、欠席がちな場合、ある時間だけクラスの活動に参加できないことになる。短い時間であっても、クラスの活動に加われないことは、子どもにとっては不安の素となる。「その時間にクラスで何があったんだろう」という思いを抱かせないための配慮として、抜けていた時間の出来事を伝えたり、あとから共有できるようにしておくとよい。欠席が多い場合も、クラスとの連絡を絶やさない方法を個々の実態に応じて検討しておく必要がある。

　通級による指導では、教科学習への負担を考慮して学級活動や図工、体育といった時間を通級にあてることがある。基本的に毎週同じ時間に通級すること

になるので、その時間にいつもいないということが疎外感を抱かせることにつながらないような配慮も必要である。

●承認への欲求

　誰かに認めてほしいという欲求。承認への欲求を満たすには、現在の姿を受容し、認めてもらえる環境が重要である。しかし、クラスの児童・生徒が場面緘黙状態のクラスメイトのあるがままを認めるのは容易なことではない。このためには場面緘黙状態への正しい理解が不可欠となる。場面緘黙という名称や「障害」「病気」であると伝える必要はないが、なぜ話せなくなってしまうのか、その子にどのように接したらよいかについては、クラスの児童・生徒に伝えておいた方がよいだろう（後述）。

　他者からの承認を得たいという欲求が強ければ、何らかのコミュニケーションの表出という形で具現化される可能性がある。「話したい、けど話せない」という葛藤の中で「でもやっぱりクラスの中で認められたい」という気持ちが打ち克つことで、授業中に挙手をしたり、自らクラスの活動に関与するという行動が表れるかもしれない。このような授業への参加はもちろんその子自身の意思や努力によるところが大きいが、それを可能にするのはクラスづくりや授業づくりである。クラスや授業をつくることは、学校教育の専門職である教師にしかできないことであろう。

　「自分の考えはあるけど、間違っているかもしれないから手が挙げられない」という経験をする児童・生徒は多いだろう。このため、「間違っても大丈夫」「失敗しても大丈夫」という環境をつくっておくことが重要である。また場面緘黙児の中には、「答えはわかっているけど、指されたら答えられないから手が挙げられない」という子もいる。このような場合、発話以外の手段（前に出て黒板に書く、先生が読む、隣の子が読むなど）による回答方法をあらかじめ本人と決めておいたり、「手を挙げても当てない」という約束をしておくこともできる。指さなくても、正解が出た後で「同じ答えだった人？」と聞いて手を挙げる機会をつくれば、授業への参加の促進になる。

　クラス全体よりも、班やグループでの活動の方が少人数であり参加しやすい。自由に何でも発言できるよりもある程度の枠があった方が参加しやすいた

め、「司会」「書記」「発表」のようにグループ内での役割を決めておくとよい。ただしこのような場合、「〇〇さんはしゃべれないから書記」のような決められ方をしてしまうこともある。役割分担に際しては教師が適切に介入し、本人の意思も踏まえた上で決めるのがよいだろう。

　児童・生徒一人ひとりが承認への欲求を満たすためには、何よりもまずそれぞれの「よいところ」「できているところ」が見つけられていなければならない。障害のある子どもたちは「〇〇ができない」「〇〇が苦手」ということばで捉えられてしまいがちである。しかしどんな子も、できていないことよりできていることの方が多い。丁寧に机間巡視をしていると、一人ひとりの児童・生徒の思わぬ発見や素晴らしい思いつきに気づけることがあるし、宿題や連絡帳、日記などの中にもそれぞれの家庭での時間が凝縮されている（場面緘黙児は家庭では本来の力が発揮できている）。まずは教師が一人ひとりのよさを見つけることが、承認への欲求を満たすことにつながる。

　トリイ・ヘイデンによる児童虐待を題材とした有名なノンフィクションに『シーラという子─虐待されたある少女の物語』（早川書房，1996）がある（シーラは一般的な場面緘黙児とは異なるが、物語の当初は「話さない子」として描かれている）。トリイ先生が担当するクラスには「コーボルトの箱」という道具が登場する。コーボルトの箱は、お互いのよいところを見つけたら手紙を書いて入れ、その手紙を帰りの会で読むという仕組みになっている。子どもたちは競ってここに手紙を入れるのである。『シーラという子』にはこんな風に書かれている。「これは子どもたちが仲間のいい行動を観察する励みになるだけではなく、一日の終わりに自分の名前が箱の中に入っているのではないかという希望のもとに、子どもたちがお互い親切にするという効果もあった。メモの中には従来からあるようなものもあったが、わたし自身も見落としてしまうような、小さなことだが大事なことに注目して子どもをほめる、すぐれた洞察力を示しているものもあった。たとえば、ある日のいい争いのときに、とっておきの悪い言葉を使わなかったとしてセーラがほめられていたし、フレディは鼻水を袖で拭かずにクリネックスをちゃんと探してきたといってほめられていた。」

（5）その人らしさ

●自己実現への欲求

欲求の階層の最上段にある、よりよき自分で在りたいという欲求。この欲求が生じるには、これ以下の低次の欲求が適切に満たされていなければならない（必ずしも低次の欲求のすべてが充足されていなくてもよい）。

場面緘黙状態だと、「話したい気持ちがあるのに話せない」というように、理想とする自分と現在の自分との間にズレが生じることになる。自己実現への欲求を満たそうとすることは、よりよい自分になろうとすることであり、「話したい」と思う力もそこから生じてくる。第1章で指摘したように、場面緘黙を単に話すことの抑制ではなく「本来の力を発揮することの抑制」と捉えることが重要である。

自己実現への欲求が高まれば、よりよき自分を選び取るために困難な課題にも挑戦することができるかもしれない。しかし場面緘黙児の中には、「話せなくてもよい」「話さなくても済む仕事につきたい」といったように、話せない自分を変えることへの意欲が低くなってしまっている子もいる。この場合、やはり「その人らしさ」とは何かという問題に立ち返ってみることが大切である。「話すか話さないか」ということだけに注目しすぎず、進路選択や人生設計として、どんな自分で在りたいかを主体的に考えていけるように後押しすることが求められる（第4章「Ⅳ　タイプ別の介入方法」参照）。

（6）クラスの児童・生徒への説明

クラスの環境づくりにあたっては、クラスの児童・生徒の理解は避けて通ることができない問題である。児童・生徒への説明は環境因子への介入としてとても大きなものであるが、不用意に実施することには危険もある。メリットとデメリットを正しく認識し、本人ともよく相談した上で実施することが望ましい。

●メリット

安心できる環境を作るための配慮や個別の支援が行ないやすくなる。音読のようにクラスの中で発声を求められる機会は毎日のようにあるが、場面緘黙児

はそれらの一つひとつに対して「嫌だな」「またできなかった」といった思いを抱く。その際、事前にクラスへの説明が十分になされていれば、例えば「日直は替わりの人がする」という対応をしたときの本人の感じる負担はある程度軽減される。

　また支援計画の作成や介入においても、クラスの児童・生徒の協力を得やすくなる。緘黙状態の改善に向けたステップの中で、「仲のよい友だちと2人で○○教室で話をする」というような段階を経ることは多いが、このような状況が普段の生活の中で自然に出てくることは稀である。クラスへの説明がされていれば、こういった機会を意図的に設定することが容易になる。

●デメリット

　配慮を要請することによって、必要以上の配慮が先回りして行なわれてしまう可能性も生じる。児童・生徒の善意から出たものではあるが、「話すことが苦手なAちゃんのために替わりに言ってあげる」という状態は、話せる機会が奪われるということにもなりかねない。

　クラスの児童・生徒から「障害があるのか？」という反応があることも考えられる。その場合は、障害はその人の中にあるのではなく周りの人やものとの関わりの中から生じるものであること、同じ人でも環境によって障害がある人になったりない人になったりすること、ということを伝えられるとよいだろう。

●本人の思い

　どのような場合であっても、クラスの児童・生徒に説明することについて、本人がどのように思うかは非常に重要である。客観的に見て説明した方がよさそうな状況であっても、そのことで本人が余計に話せなくなっては逆効果であるし、嫌がるところを無理に伝えるべきではない。

　クラスの児童・生徒への説明を拒むのは、承認への欲求や自己実現への欲求が十分育っていない状態であるとも捉えられる。説明した方がよいと説得するよりも、まず「どんなことができるようになりたいか」「どんな自分になりたいか」といった自分自身への認識から深めていくことが大切であろう。

●伝える内容

　どのようなことを伝えるのかについて、本人と相談の上で決定する。場面緘

黙啓発絵本として、『なっちゃんの声―学校で話せない子どもたちの理解のために―』(はやしみこ著　かんもくネット監修，学苑社，2011 年) がある。クラスに在籍する場面緘黙児が絵本の主人公「なっちゃん」と共通する点が多ければ有効な説明の道具となるだろう。

　一方で、自分はなっちゃんと違うという思いを抱く子もいる。このような場合、説明の内容については個別に検討しておく必要がある。クラスの児童・生徒に説明を行なう内容や方法を検討するために作成した説明シートを次頁に示した。

クラスへの説明シート （保護者・教師向け）

「どんなことで困っているか」「どんな手助けが必要か」「どんなことに気をつけてほしいか」などは一人ひとり違っています。クラスで説明してもよいかどうか、それぞれの内容について、本人と確認してください。

使い方
○ 説明するものにチェックします。
○ 各文を、別のことばに変えて使うこともできます。
○ 誰がどのように説明するのか、よく相談してください。

	説明する状況	
いつ？	□学級活動（ホームルーム） □帰りの会	□道徳の時間 □その他（　　　　　　）
誰が？	□担任の先生 □保健の先生 □保護者 □その他（　　　　　）	□特別支援学級の先生 □その他の先生 □本人
本人は？	□いるとき □いないとき（具体的な状況　　　　　　　　）	
その他 ※当てはまるものがあればチェック	□「なっちゃんの声」読み聞かせ □家庭での様子の（□動画　□音声）を流す □本人からのビデオレター □本人からの手紙 □その他（　　　　　　　　　　）	

説明する内容 (説明する項目は□にチェック)
□○さんは本当は話すことができます。
□でも、人がたくさんいるところだと、不安や緊張で話せなくなってしまいます。
□返事をしたくても返事ができないこともあります。でも、無視をしようとしているわけではありません。
□大きくなると、だんだん緊張しなくなって、話せるようになってきます。
□注目されると、よけい緊張してしまいます。声を出せたときも、「話した話したー」のように言ったり、注目しすぎたりしないでください。
□また、無理に声を出させようとするのは、とてもつらいことです。無理に声を出させようとしないでください。
□話す方法はことばだけではありません。指さしたりうなづいたり、文字に書いたりすることもできます。
□他のことは、みんなと同じようにできます。遊びに誘ったり、話しかけたりしてください。
□高いところにあるものを取るときには、踏み台を使います。視力が低い人は、眼鏡をかけます。同じように、話せなくなってしまっているときにも、手助けが必要なことがあります。 (具体的な手助けの内容)   (その他伝えたいこと)

Ⅲ 授業・学校生活における配慮・対応の実際

（1）基本的な考え方

　場面緘黙児の多くは、話すことだけでなく授業や学校生活におけるさまざまな場面で、「できないこと」がある。しかし、基本的な考え方としてまず、だいたいのことは「できなくても大丈夫」である。例えば最初に説明する食事だが、一食くらい食べなくても朝と夜に食べていれば、たいした問題はない。音読ができなくても、発達における深刻な問題につながるわけではない。みんながやっていることをみんなと同じようにできなければならない、というのは、大人からの期待や、文化の問題という側面が大きい。

　「できなくても大丈夫」だが、みんながやっていることを同じようにできないのは、本人にとって居心地が悪い。だから、少しでも居心地よく過ごせるように、という視点での配慮や対応の検討が大切である。

　もちろん、まったく何もできなくて構わないということではない。できればできるに越したことはないし、初めから「できない」「やらない」と決めつけてしまうべきではない。がんばらせることがマイナスになることもあるし、プラスになることもある。本人に少しがんばらせてみるのか、これはできなくても大丈夫と言ってあげるのか、さまざまな要素から総合的に判断すればよい。つまりアセスメントである。アセスメントにあたって特に重視すべきなのは、本人の思いである。できなくて嫌な思いをしているとか、できるようになりたいとか、とにかく嫌だとか、という思いに応じて、何を目指すのかが変わってくる。

　またもう1つ大事な視点は、苦手なものをどうやり過ごすかではなく、できるようになる機会として活用することである。音読ができないとしたら、その場面をどう切り抜けるかを考えてしまいがちだが、やり方を工夫すれば教室で声を出すよい機会になる可能性もある。本節ではこのような視点から、授業や学校生活におけるさまざまな場面での配慮や対応の考え方を説明する。

（2）食事

　場面緘黙児の中には学校で食べることができない子が多い。幼児や小学生だけでなく、中学生、高校生でもこのような状態になることはある。

　別室（相談室や特別支援学級など）であっても食べることができていれば、早急に介入すべき問題ではないかもしれない。緊急性が高くなければ、食べることだけを取り出して介入するよりも、食事の時間を安心して過ごせる環境を保障してあげる方がよいだろう。場面緘黙やそれに関連する諸症状全体が改善されれば、それに伴って食事もクラスでとれるようになることも期待できる。食べられないことによって何らかの問題が生じているとしたら、以下に述べるように具体的に解決の手段を検討する。

● アセスメント

　食べられないという現象は共通していても、その背景や要因は一人ひとり異なる。まず、家庭では問題なく食べているか（食べる量、食生活や食習慣、偏食など）の把握が必要である。家庭では問題なく食べており、「学校で」食べられなくなってしまうことの問題であれば、食べる場所や相手、時間などを少しずつ広げる方法を検討する。

　感覚の過敏やこだわりが見られるケースもある。自閉症スペクトラム（ASD）との関係から生じている場合には、場面緘黙や関連する行動抑制とは異なる対応となる。ASDについての専門性が高い指導者からの助言を受けるのがよいだろう。

● 本人が「クラスで食べられるようになりたい」と思っている場合

　「食べられるようになりたい」という気持ちが強ければ、本人と相談して計画的に介入を行なう。目標を立てるには、「クラスで食べる」ということの具体的な中身を明らかにしておくことが求められる。教室で食べたいのか、特定の友だちと食べたいのか、不特定多数のクラスの誰かと食べたいのかなどによってすべきことが異なってくる。

　相談室や特別支援学級で食べている状態から「クラスで食べる」ことを目指すなら、その中間的な段階を考えてみるとよい。まずはクラスの仲のよい友だちが相談室に給食を食べに来ることが考えられる。1〜数人から始めて、一緒

に食べられる相手を増やしていくとよいだろう。また相手はあまり増やさずに、場所を替えていく方法もある。

　教室で食べられないことの理由が明確であれば、アプローチがしやすい。例えば「集団が苦手」なら、クラスで給食を食べるよりも前に「クラスの中で安心して過ごせるようになる」ことを目標に練習に取り組むことができる。

●特定のものしか食べられない場合

　「○○は食べられない／○○しか食べられない」の他、誰が作ったかわからないものは食べられない、給食があるのに母親が作ったものしか食べられない、といったケースもある。家では問題なく食べているなら、基本的には食べられるものを食べれば十分である。学校だけでなく家でも同じであれば、場面緘黙による問題ではないと解釈するのが妥当だろう。

　特定のものしか食べないことで、作り手や支援者に過度な負担が生じているようであれば、その負担を減らすための検討が必要かもしれない。ある程度年齢の高い場面緘黙児であれば、自分でお弁当を準備するというのも1つの対応だろう。

●保護者と一緒でないと食べられない場合

　「食べられないこと」に関して介入が必要なのは、むしろこのような保護者の負担が生じているケースである。保護者と離れて食べられるようになる必要があるため、学校よりも家庭で取り組む方がよい。「家庭で、保護者と別に食事をとる」という機会を作り、まずは家庭で1人でも食べられるようになることを目指す。1人で食べられるようになったら、学校で「保護者以外の人が食事場面に入ってくる」という段階を徐々に踏む。このことによって、保護者以外の人と食べることに慣れることを目指す。

　「保護者と一緒でないと食べられない」ことが分離不安からくるものであれば、食べることそのものではなく分離不安の部分に焦点を当てた介入を行なう必要がある。食事場面に限定せず、保護者と離れていても過剰な不安を感じずに生活できるようになることが優先される。

●給食が嫌だから午前中で帰ってきてしまう場合

　このように、食べられないことによって学校生活の他の部分に支障が出てい

れば、介入が必要である。このようなケースでは、「他の児童・生徒と同じように給食をクラスで食べる」か「食べない（＝帰る）」の２択になってしまっていることがある。食べる場所や量・内容、時間などを調整することで食べることができるようなら、まずはあらかじめ食べる量を減らしたり、食べる環境を変えてみるとよい。また食べられるようになることだけが解決方法ではない。食べない場合、食べなくてもよいので教室にいる、では居心地が悪い。その時間の過ごし方を柔軟に変えることで、学校にいられるようにできるかもしれない。

●校外学習に支障がある場合

　日帰りの遠足なら食べなくても何とかなるが、修学旅行のように宿泊を伴う行事だと困る。この場合は期間の長さや場所といった条件によっても対応が異なる。１泊２日程度なら、その日の夕食さえ何とかなれば大丈夫だろう。あまり遠くなければその時だけ帰ってきたり、その時間に保護者が行くこともできる。

　しかしこのような状況はむしろ、この機会にいかに食べられるようになるかという視点から検討するとよいかもしれない。話すことと違って食べることは生理的欲求であり、必然性が高い。どうしてもダメなら一食くらい食べられる可能性もある。食べやすい条件を本人と相談しながら整え、食べることに挑戦してみてはどうだろうか。

●食べなくても大丈夫

　食事の指導は「こうでなければならない」という大人側の信念が入り込む余地が大きい。一食くらい食べなくても、朝ご飯をしっかり食べていれば十分である。「給食を食べられるようになること」自体を目的とするのではなく、「元気に過ごすための手段」「生活を豊かにするための手段」であると捉えるのがよいだろう。食べられるようにしようという介入が、かえって本人の負担になってしまっては本末転倒である。

（3）排泄

　食事同様、場面緘黙児の中に困難さを示す子が多いのが排泄である。小学校

低学年で学校にいる時間が短く、トイレが我慢できるくらいの時間であれば、初めのうちは我慢してもよいかもしれない。身体的な誘導も含め、教師からの促しでトイレに行くことができていれば、介入の優先順位は高くないだろう。

しかし学校で排泄ができず午前中までしかいられない、というように学校生活に支障を来していることもある。またトイレは食事よりも頻度が高く、身体的な負担も大きい。午後も学校で過ごすようであれば我慢することは避けるべきであり、介入の優先順位は高い。

● アセスメント

排泄という行為自体の困難さの他に、児童・生徒が出入りしているので視線が気になるという場合や、小学校低学年であればトイレが怖いということも考えられる。本人から直接情報収集しづらければ、保護者を通じた聴き取りで行なうのがよいだろう。

場面緘黙児の場合、行こうと思っていても廊下に人がいたりして、行きそびれてしまうこともあり得る。低学年のうちは教師からクラス全体に対する促しがあると行きやすくなることがある。学校生活の中ではトイレの時間をずらすという方法はとりづらいため、教室から離れたトイレや教職員用のトイレを使えるようにするといった配慮の方が現実的である。

(4) 音読

場面緘黙児にとって、学校生活で最も頻繁に直面する困難の1つが音読であろう。音読は小学校から高校まですべての学年において行なわれる。学習指導要領における国語の内容は「A 話すこと・聞くこと」、「B 書くこと」、「C 読むこと」の3領域が主な柱となっており、このうち「C 読むこと」の中心的な指導内容・方法の1つが音読である。

音読は困難な場面であるばかりではなく、指導の工夫によってはクラス内で音声を発する機会として活用することもできる。特に、クラス内の限られた状況ですでに音声を発することができている場合には、音読の機会を活用することでさらに声を出せる相手を広げることができる。

会話と異なり、音読は読む内容が決まっている。会話と比較すると、決まっ

ていることを読んだり言ったりすることの方が容易である。しかし音読は聴き手がクラス全体であるため、人数が多いことが緊張を強める要因になる。従って、この「クラス全体」という条件を調整することで、日常会話よりも声を出しやすい状況にすることが可能である。

● アセスメント

音読に関わる活動としてどのようなことが可能か（声が出せる状況：人数や場所など）を把握するとともに、本人の意思も確認しておく必要がある。特に、どのような状況でも全く声が出せない場合、どのような対応をしたらよいかは、本人とよく相談することが求められる。

● 人数を変える

聴き手の数を減らす（班の中で読む、隣同士で読むなど）、同時に複数の人で音読する、といった方法がある。複数の人で読むことで、読むことにかかる心理的な負荷を軽減することができる。この場合、男子だけ、女子だけのように交互に読んでいったり、はじめに1班が読んで次に2班が読む、といった方法がある。

● 場所を変える

教室内では抵抗があるときは、声を出すことが可能な場所に移って行なう。この場合、クラスの仲のよい子や相性のよさそうな相手とペアや小グループにして、クラスだけでなく空き教室や相談室のような場所を使えるようにしておく。

仲のよい相手と1対1や少人数で、しかも他の人が入ってこないという状況は、発声の練習としての好条件が揃っており、日常会話よりも発声しやすい。しかしこのような状況は日常生活では待っていてもあまり起こらないため、意図的に機会を作ることが有効である。音読だけでなく英語のスピーチなどでも可能である。

● 本人側の準備

家で話すことができる場面緘黙児であれば、音読も家ではできるはずである。本人の中で「上手に読める」という気持ちを高めることは、クラスで音読を可能にする上で重要な役割を果たす。小学校では音読が宿題に出ることも多

いので、家庭と学校とが連携し、「上手に読めた」「もっと読みたい」という気持ちを高めるようなことばかけや関わりを行なうとよい。

　また、「どの部分が当たるかわからない」のは不安を高める要因となる。音読を通じた発声の促進を計画的に行なう場合は、読む場所をあらかじめ指定して練習をしておくことも有効である。

（5）書字

　書字は話すことと同様に「ことば」を扱う行為であり、抑制が見られる場面緘黙児は多い。程度はさまざまで、学校内では全く書くことができない子もいるし、他人に見られないように覆い隠しながらなら書けたり、視覚的に残るものではなく空書なら書ける、という子もいる。このような行動の抑制を「場面緘黙の症状」と捉えるかどうかは議論が分かれるところだが、臨床上はこれらの問題を切り離して捉えることにはあまり意味がない。症状に当てはまるかは関係なく、必要であれば介入すべきであろう。

　認識しておくべきことは、「書くこと（と話すこと）だけができない」わけではなく、身振りや表情、その他のさまざまな行動の表出も乏しいことである。「どうしたら書けるようになるか」ではなく、「どうしたら自己表現ができるようになるか」「どうしたら本来の力を発揮することができるようになるか」という視点が大切である。

●アセスメント

　書くことそのものに抵抗がある場合と、書いたものや書いているところを見られることに抵抗がある場合とがある。

　後者の場合、書いたものが誰かに見られないという環境を作ることが有効である。座席の配置で対応できる場合は、どこがよいか本人の希望も踏まえて決める。一般的には人の通りが少ない場所の方がよいが、教室の配置によっても異なる。また特に小学校の場合は隣の席の児童の影響も受けやすいため、書いたものを覗き込むようなことをなるべくしない児童が望ましい。

　教師による机間巡視が書きづらさに影響している可能性もある。個別の指導なら机間巡視そのものをなくすことも可能であるが、通常学級ではできない。

表2-2　書くことの目的

目的	内容の例
覚えるため	ノートに写す
書く能力を向上させため	作文
考えを深めるため	自分の意見を書く
評価・アセスメントのため	テスト

机間巡視はするがその子の書いたものは見ない、ということを本人と約束しておくとよいだろう。

●書字の目的による違い

　書字はあらゆる学習活動に関わるため、別室を用意したり、その都度代替的な手段を用いることはできない。教室の中で書けるようになることが求められるが、目的によって対応は異なる。書くことの目的には、**表2-2**のようなものが挙げられる。もちろんこれらは明確に分けられるものではなく、複数の性質をもつものも存在する。目的によっては、代替的な手段を用いることも可能である。

●覚えるため

　学習活動における必要性が高いのは、覚えるための書字である。自分で考えて書くよりも、書かれているものを写す方が容易なため、書くことが難しい場合には写すことから取り組むのがよいだろう。授業の中で覚えるために記録が必要なものは限られているため、個別に指示を与えることで必要な部分だけは記録するように促すことができる。

　ただし、記録のためという目的だけを考えれば、必ずしも本人が書き写さなくてもよい。重要な部分については書き写さなくても残るように資料を作成して配布するという方法もあり得る。写真に撮る、ICレコーダに録音するといったICT機器の活用も不可能ではないが、このような記録方法はかえって目立ってしまうこともあり、使いづらいかもしれない。

●書く能力を向上させため

　作文のように自分の考えや感じたことを書いたり、正解かどうかわからない

答えを書いたりするのは、心理的な負荷が高いことが多い。書く力を高めるねらいがあれば代替的な手段に置き換えることは難しいが、この場合は必ずしも授業中にその教室の中で行なわなくてもよい。作文が教室で書けなければ、他の教室に移ったり、家庭で行なうのがよいだろう。

● 考えを深めるため

理科の実験や国語の読み取りのように、短い時間で授業中に度々自分の考えや感想を求められる場面も存在する。この場合は作文とは異なり、授業に参加できなくなってしまうため別室で行なうことはできない。しかし書字で意見表明ができなくても、頭の中で答えを考えることができていれば、考えを深めることはできる。書く必要がある内容であれば、授業後に特に重要な部分だけ、自分の考察などを記入することを指示してもよいだろう。

また、書く作業を行なわないと聞き流すだけになってしまう子もいる。この場合は学習に注意を向けられるように、適宜促すことが求められる。

● 評価・アセスメントのため

授業中の書字がないと、教師から見て理解状況を把握しづらいことも課題となる。これについては、授業時間中の書字である必要はない。テストなど他の機会を通じて行なうのがよいであろう（評価については「Ⅴ　成績評価の考え方」で述べる）。

（6）音楽・体育

音楽や体育といった実技系の科目への参加にも制約が生じやすい。図工・美術の創作活動、理科の実験など、学習活動のさまざまなところに問題が生じ得るが、ここでは特に継続的に顕著な問題が生じやすい、音楽と体育について述べる。

音楽や体育は、音読と共通する部分が多い。場面緘黙児にとっては表現が求められる苦手な活動であるが、反対にそれを克服する機会ともなり得る。「社会的場面におけるコミュニケーションが成り立つための階層構造」（河井・河井，1994：第1章参照）の視点からは、基礎となる「第1の水準　動作・態度表出」や「第2の水準　感情・非言語表出」にアプローチしやすいのが音楽や体

育の特徴であると言える。特に体育は「第1の水準」にアプローチすることができる科目であり、その内容も極めて多様に設定することが可能である。

音楽室や校庭、体育館という場所も、教室より開放的であり、さまざまな表現を引き出すのに適している。また体を動かす活動は、教室で椅子に座っているときよりも声が出しやすい。

担当が専科の教師なら、担任とは違う大人として場面緘黙児に継続的に関わることができる。またこれらの科目は2人1組や小グループが作りやすいし、場所もある程度柔軟に設定することができる。日常会話よりも構造化された状況の中で、声を出したり表現したりする練習のための場面として活用することが可能である。スモールステップとして上手に活用し、教育的効果を高めるという視点が大切である。

● 音楽

音楽の中で最も困難なのは歌唱であろう。声を出すことに拘らず、まずは「第2の水準」としてさまざまな表現ができることを重視するとよい。つい「○○ができない」と捉えてしまいがちであるが、表現を促すためのスモールステップとして捉えれば、さまざまなことに取り組むことが可能である。木琴や太鼓のように道具を介して触るだけで音が出る楽器から、笛や鍵盤ハーモニカのように呼気で音を出す楽器まで、多様な手段や方法が選択できる。

音楽は音読以上に表現力が問われる活動である。「上手にできるか」に左右されやすいので、家庭と連携し、十分な練習を行なっておくとよいだろう。

また発表の手段として、本人の意志を確認して、家庭で歌ったものを録音・録画するという方法がある。すべてのケースで有効なわけではないが、最初の一言を出すための機会として活用できるかもしれない。

● 体育

音楽と同様「○○ができない」と捉えてしまいがちであるが、体育についても表現を促すためのスモールステップとして捉え、できそうな活動を検討する。このため何ができていて何ができていないかのアセスメントは丁寧に行なうことが大切である。体育の時間における活動すべてに苦手さがあるのでなければ、「体育の時間は見学」という対応はしない方がよいだろう。

できないものが具体的で、「ペアになって体操すること」「ペアでパスの練習」「タイミングよくボールをパスする」「みんなの見ている前で走る」のように特定可能であれば、それぞれに応じた対応を検討する。共通する配慮として、注目されやすい状況はなるべく作らないようにすることが望ましい。

目標を立てる場合、「サッカーができるようになる」のように種目を目標にしてしまうと、具体的なプロセスが見えにくくなる。「足でボールを蹴ることができるようになる」「ドリブルができるようになる」のように目標を設定し、1つずつ達成することを目指す。

体育以前の問題として着替えに苦手さを感じる子は多い。「着替えそのものが苦手」という場合は、着替える場所の確保、あらかじめ下に体操着を着てくる、半袖半ズボンを嫌がるようなら長袖長ズボンの着用を認めるなどの対応がある。着替えさえできればあとは参加できるのであれば、着替えはなしにして体育に参加してもらってもよい。ただし、着替えができない理由が、着替えそのものではなく「体育」の方にある場合は、着替えだけできるようにさせても意味がない。

(7) 日直

教育課程上は「特別活動」の中の「学級活動」に分類される。学級活動は、「望ましい人間関係を形成し、集団の一員として学級や学校におけるよりよい生活づくりに参画し、諸問題を解決しようとする自主的、実践的な態度や健全な生活態度を育てる」ことを目標としている。日直や係活動では特に、「与えられた役割を果たすというだけの消極的な活動ではなく、当番活動の役割や働くことの意義などが十分に理解できるようにするとともに、学級や学校に貢献していることが実感できるように指導することが大切である。」と述べられている（「小学校学習指導要領解説　特別活動編」文部科学省、平成20年）。従って、日直は必ずしも、話しことばの表出が求めれる活動でなければならないということはない。

音読と同様、代替的な手段も含め実施可能な方法を模索するか、役割を免除した方がよいか、あるいはクラス内で音声を発する機会として活用するか、が

考えられる。ただし、クラスの前に出て行なうことが一般的であり、音読よりも柔軟な対応は取りづらい。

● 心理的負担を軽減する

　日直の仕事は2人1組では約15日に1回（年約12回）、1人で行なう場合だと約30日に1回（年約6回）回ってくる。年間を通じて継続する活動であるため、定期的に近づいてくる日直の仕事に対する心理的な負荷を軽減するだけでも意味がある。例えば日時を決めてカレンダーに明記しておくことで、見通しをもちやすくなる。またクラスの児童・生徒に説明し、役割の免除も含めた個別的な配慮や支援を行なうことも、心理的な負荷を軽減する効果がある。

● 代替的な方法

　役割を免除するよりも、何らかの方法で仕事ができるようであればその方が望ましい。歌詞カードを持つ、箱から何かを出す、カードを引くなど、会の進行に応じた役割を検討し、話す以外の役割によって参加できるようにする。具体的な方法については、学級の様子も考慮した上で、本人と相談して決定する。

● 不安や緊張を軽減する

　声が出せるようなら、マニュアルの作成や、家で練習をしてくるといった対応が可能である。2人1組で担当することも有効であるが、回数が増えることがデメリットである。

Ⅳ　学校行事

（1）学校行事のねらい

　学校行事は「望ましい人間関係を形成し、集団への所属感や連帯感を深め、公共の精神を養い、協力してよりよい学校生活を築こうとする自主的、実践的な態度を育てる」（小学校学習指導要領より、中高もほぼ同じ）ものである。「望ましい人間関係」「集団への所属感や連帯感」「公共の精神」「協力して」といったキーワードからわかるように、学校行事では集団や共同体という点が重視される。そしてこれらは、場面緘黙児の多くが苦手とする部分でもある。このよう

な学校行事への参加について、どう考えればよいだろうか。

　学習指導要領に書かれた目標だけを見れば、場面緘黙状態の子にそこまで要求しなくてもよいのでは、と言えなくもない。しかし、実際に児童・生徒がこれらの行事から得るものは、「公共の精神」や「自主的、実践的な態度」だけではない。実は日本の学校で行なうような学校行事は、海外の多くの国では行なわれていない。見方を変えれば、日本の学校教育において、学校行事こそが「学校らしさ」を感じる部分とも言える。従って、学校生活の充実感を高める上では、学校行事への参加を促進することは大切なのではないだろうか。

（2）運動会・体育祭
　話すことは要求されないが、それ以外の「注目を浴びる」「機敏に動く」など場面緘黙児が苦手とする要素が含まれる行事である。またどの学校においても毎年行なわれ、準備にも長い期間をかけるという特徴がある。運動会や体育祭が苦手な子は、毎年かなり長い期間を憂鬱な気持ちで過ごすことになるだろう。

　体育の授業は1人だけ内容を変えたり目立たないところでこっそり行なったりということもできるが、運動会・体育祭は「集団」という要素が根底にあるため、個別の配慮をしようとするとかえって目立ってしまうというジレンマを抱える。このため通常の競技への参加が難しい場合は、競技以外の役割による参加を検討するとよい。

　運動会・体育祭は運動を主体とした行事ではあるが、「運動に親しむ態度の育成」や「体力の向上」については体育の授業で十分行なうことができる。それ以外の「規律ある集団行動の体得」や「責任感や連帯感の涵養」といった内容を、得点係や道具の準備などの運動以外の役割で果たすことによって、運動会・体育祭に参加することができる。

　学校行事の多くには、行事当日だけでなく長い準備期間がある。運動会や音楽会では、練習場所の関係などでその期間は1日の流れが変わることも少なくない。見通しがもちにくいと不安は大きくなるので、1日の流れは前日のうちには目で見てわかり、家でも確認できる形で提示しておくとよい。

（3）音楽会・合唱コンクール

　音楽の授業と異なり、音楽会や合唱コンクールは発表を前提としている。またクラス単位で行なわれることが多く、クラスという集団での準備に費やす時間が長い。さらに、運動会のような「その他の役割」もあまり用意されていない。結果として音楽会へはクラスの一員として参加せざるを得ず、歌や楽器の演奏が苦手な子は、準備の期間も含めて黙ってやり過ごす以外に方法がないように感じるかもしれない。どうしてもできなさそうであれば、その期間を居心地よく過ごせるようにするために、口パクなどやっているフリだけでも取りあえずはよしとすることが考えられる。

　楽器演奏の場合は、本人の演奏しやすい楽器やパートを選ぶことは大切な配慮である。音楽の授業と同様、表現を促すためのスモールステップとして捉え、実態にあった手段や方法を選択することができる。

　参加を促進し学校生活の充実感を高めるという視点からは、課題となっている曲の自分のパートを上手に演奏したり歌ったりできるようになることも1つの対応である。家族を聴衆として、できればクラスの児童・生徒が演奏しているものを録音して、家庭で上手に発表する。家庭での練習で自信をつければ、クラスでの演奏にも加われるかもしれない。

（4）修学旅行などの宿泊を伴う行事

　事前学習も含めて班に分かれての活動が多く、準備にかける期間も長い。少人数のグループでコミュニケーションを取らざるを得ない状況が生じやすい。これは場面緘黙児にとっては苦手とする場面である一方で、コミュニケーションを取るためのきっかけともなる。班分けや係分担などで参加しやすくなる配慮が得られれば、むしろ貴重な経験ができる行事となる可能性もある。筆者らが実施した中学生の場面緘黙児を対象としたキャンプでも、初日の夜に子ども同士で会話をする様子がみられた。

　「家以外では話せないのに、泊まりに行って大丈夫だろうか」と保護者が不安に思う行事でもある。しかし、仮に2日や3日話せなかったとしても、実際にそれで何かに支障を来すようなことはない。食事や排泄が1人でできればあ

とは何とかなるものなので、保護者は必要以上に不安がらずに、「楽しんでおいで」と送り出すのがよいだろう。

　ただし、分離不安や夜尿症、家族と一緒でないと食事ができない、といった具体的な問題を抱えていることもある。このような場合もすぐに不参加としてしまうのではなく、日程を短くしたり保護者の付き添いを認めたりして参加できないかを検討する。また日程や場所などについては事前にわかっているので、予習を行なうことができる。例えば、慣れない場所への不安が強い場合は、事前に家族で宿泊先に行ってみることができる。キャンプ場だったら実際に泊まってみたり、火をおこして調理したりしてみるとよいだろう。特に対象が明確ではなく漠然と宿泊行事全体が不安、という場合は、その行事のスケジュール通りに予習をしてみることが有効かもしれない。一度体験してしまえば、次からは自信をもってできるかもしれないし、「自分はこれは知っている」という自信は本番での積極的な行動につながる可能性もある。

　保護者から離れて泊まることへの不安が強い場合は、親戚などに協力してもらって保護者とは別のところに泊まる練習をすることができる。この場合、親戚の家に泊まりに行くこともできるが、反対に親戚に家にきてもらって、保護者が他のところに泊まるという段階を加えることも可能である。

　クラスに仲のよい友だちがおらず、親しくないメンバーと長い時間過ごすことに居心地の悪さを感じることもある。特に、不登校や相談室登校であったり、特別支援学級で過ごす時間が長かったりするなどの場合、宿泊そのものよりもクラスのメンバーと長時間過ごすことの方が負担となることがある。このような場合は移動時の座席や現地で行動する相手を配慮することで、参加を促せるとよい。班やクラスでの集団行動ではなく教職員や支援員などとの行動でも、行事に参加できる意義は大きいだろう。

（5）どうしても嫌なときの行事への向き合い方

　いかに学校行事への参加を促進し、学校生活の充実感を高めるかを検討してきた。学校行事も授業と同じく、個々の児童・生徒の成長や発達のために行なわれるものである。学校行事は日常生活の中での少し高いハードルであり、そ

れを乗り越えることで成長した、という経験は多くの子にあるだろう。だから、はじめから何も考えずに不参加としてしまうのは教育的対応と呼べない。

　しかし、本人にとってどうしても苦痛であったり参加が困難であったりして、総合的に考えて参加することがマイナスになる場合もある。実際、「運動会がきっかけで不登校に……」というケースもある。

　さまざまな条件を考慮し、可能な限り参加できる方法を検討した上で、無理矢理参加させるよりも休むことを認めてあげることが本人にとってプラスになる場合は、不参加も1つの選択肢である。学校行事に参加しなくても、実際に困ることはそんなにない。

　学校行事は学校生活における大きなイベントである。先にも述べた通り、学校行事こそが日本の学校らしさを感じる部分でもある。しかしこのようなイベントは安定や安心を求める子にとっては、それを乱すものになるかもしれない。またそれは同時に、単調で変化の少ない日常生活に新しい変化を取り入れる格好の機会ともなり得る。場面緘黙児たちの心情に配慮しつつ、それを回避するだけでなく、上手に介入に活かすという視点が重要である。

V　成績評価の考え方

（1）子どもを傷つける評価

　音楽、体育などの授業に参加できないと、「評価の対象となる活動が行なえていないから」「評価することができないから」という理由から、低い成績がつけられたり、評価の対象外とされることがある。評価がつかなければ、進学などに際して不利益を被る可能性がある。しかし評価には、それ以上に大きな問題が存在している。

　がんばっても上手に逆上がりができない子を考えてみよう。できないという事実だけを客観的に評価すれば、低い成績になる。しかしこの評価に、教育的な意味があるだろうか。がんばったことを評価してさらなるがんばりに期待するようなフィードバックを返すことの方が、教育的な意味は大きいだろう。場面緘黙児の場合は音読や音楽などで低い成績がつくことがあるが、では音楽で

歌が歌えなかった子に最低ランクの評価をすることは教育的な対応と呼べるだろうか。そのような「評価」は、本人や保護者を傷つけるだけではないかと筆者は考えている。では場面緘黙児が参加困難な学習内容に対する評価については、合理的配慮としてどのような対応が可能だろうか。

(2) 評価は何のために行なうのか

　児童・生徒の成績を得点化して処遇を決定することが「評価」であると一般的には捉えられている（学校教育関係者以外の多くの人はそう思っているだろう）。しかし、教育という文脈で考えたときには、評価にはそれ以外の機能がある。児童・生徒にフィードバックされる評価には、児童・生徒の処遇を決定するという側面だけでなく、情報を返すことで動機付けを行なうという側面（メッセージとしての評価）、および、教師にとっての意味として、指導の内容や方法の適切さを評価するという側面（アセスメントとしての評価）がある。

●教育評価の機能

　教育評価の機能に関しては教育課程審議会の重要な答申があるので紹介する。「児童生徒の学習と教育課程の実施状況の評価の在り方について（答申）」（教育課程審議会、平成12年12月4日）では、評価の機能について次のように述べられている（太字は筆者）。

第1章　評価の機能とこれからの評価の基本的な考え方
第1節　評価の機能と今後の課題（略）
1　評価の機能と役割
　(1) 学校の教育活動は、意図的、計画的、組織的に行われるものであり、一般的に、計画、実践、評価という一連の活動が繰り返されながら、児童生徒のよりよい成長を目指した指導が展開されている。**学習の評価は、教育がその目標に照らしてどのように行われ、児童生徒がその目標の実現に向けてどのように変容しているかを明らかにし、また、どのような点でつまずき、それを改善するためにどのように支援していけばよいかを明らかにしようとする、言わば教育改善の方法とも言うべ きもの**であり、学習の評価を適切に行うことは公の教育機関である学校の基本的な

> 責務である。
> 　また、児童生徒にとって評価は、**自らの学習状況に気付き、自分を見つめ直すきっかけとなり、その後の学習や発達を促すという意義がある。**
> 　児童生徒がそれぞれの個性や能力に応じて、自ら学び、自ら知識や技能などを習得し、自ら創造的な活動を行うのを助けていくことがこれからの教育と教員の重要な役割であることを考えるとき、評価は大きな意味を持つ。
> 　(2) **評価の機能と役割は、一つには、各学年、各学校段階等の教育目標を実現するための教育の実践に役立つようにすること**であり、**もう一つには、自ら学び自ら考える力などの「生きる力」の育成を目指すこれからの教育の在り方から考えて、児童生徒一人一人のよさや可能性を積極的に評価し、豊かな自己実現に役立つようにすることである。**これは、学校や教員が、指導計画や指導方法、教材、学習活動等を振り返り、よりよい指導に役立つようにすることであり、**評価とは、児童生徒のための評価であると同時に、学校や教員が進める教育自体の評価でもあるとも言うことができる。**このようなことから、指導と評価は表裏一体をなすものであり、学校においては、学習指導と評価が常に一体となって行われることが求められる。
> （以下略）

　つまりここでは、先に述べた教育評価の機能のうち、アセスメントとしての評価という側面が最も強調されており、次いでメッセージとしての評価という意味合いがあることが述べられている。特筆すべきは、児童・生徒の処遇を決定するという側面については言及がない点である。

● **実施する時期との関係**

　評価の機能は、実施する時期と密接な関係がある。評価をいつ行なうのかによって、「診断的評価」、「形成的評価」、「総括的評価」に分けられる（表2-3）。

　診断的評価は指導開始前に行なう評価であり、指導の参考となるさまざまな情報を収集することを目的とする（アセスメントとしての評価）。形成的評価は指導の進行中に行なうものであり、児童・生徒の理解状況や習得状況を把握することを目的とする。教師にとって指導の修正や改善のための資料となるものであるが（アセスメントとしての評価）、同時に指導を受ける児童・生徒にとっても、理解状況を自己確認したり動機付けを得たりするという目的がある（メッ

表2-3 評価の機能と時期との関係

評価の時期	評価の機能		
	アセスメント	メッセージ	処遇の決定
診断的評価	○	—	—
形成的評価	○	○	—
総括的評価	○	○	○

セージとしての評価)。総括的評価は事後に行なわれる評価であり、児童・生徒の最終的な達成状況を確認するとともに、指導の妥当性や適切さを検証するための評価でもある。処遇を決定するという側面が加わるのはこの総括的評価においてである。

●合理的配慮の対象となる「評価」

ここまで述べてきた評価のうち、合理的配慮の対象となるのはどの評価だろうか。アセスメントとしての評価は教師のために行なわれるものであり、そもそも合理的配慮の対象とはならない。メッセージとしての評価については、障害の有無に関係なく、個々人の達成状況などに応じて異なる内容がフィードバックされるものであり、平等が侵されるということはない。

従って、合理的配慮が求められるのは「処遇を決定するための評価」においてであると言える。実施する時期との関係では、処遇を決定するという側面が加わる「総括的評価」の際に、障害などによる不利益が生じないように慎重に配慮しなければならない。

(3) 評価における合理的配慮

処遇を決定するための評価において、合理的配慮をどのように行なったらよいだろうか。「共生社会の形成に向けたインクルーシブ教育システム構築のための特別支援教育の推進(報告)」では成績評価についての具体的な言及はないが、合理的配慮の観点として「教育内容・方法」について下記のように述べられている(**表2-4**、太字は筆者)。ここから、評価についても合理的配慮の範疇に

表2-4　合理的配慮の観点①教育内容・方法（抜粋）

①－1－2学習内容の変更・調整
認知の特性、身体の動き等に応じて、具体の**学習活動の内容や量、評価の方法等を工夫する**。障害の状態、発達の段階、年齢等を考慮しつつ、卒業後の生活や進路を見据えた学習内容を考慮するとともに、学習過程において人間関係を広げることや自己選択・自己判断の機会を増やすこと等に留意する。

含まれることが確認できる。

　では合理的配慮の具体的な方法はどうだろうか。同報告には、別表2として障害種別について例が示されているが、「自閉症・情緒障害」の項目で書かれているのは自閉症に関わる記述のみであり、場面緘黙に関しては言及されていない。他の障害種別を見ると、言語障害の項目に「発音のしにくさ等を考慮した学習内容の変更・調整を行う」として「書くことによる代替」が例示されていたり、病弱の項目では「実技を実施可能なものに変更」、聴覚障害では「文字による代替問題の用意」といったものが挙げられている。

　これらのことから、評価における合理的配慮の考え方として、実施が困難な場合は「内容」や「方法」を変更することが可能であると解釈することができる。場面緘黙についても、発話や行動の抑制により通常の方法での評価が実施できない場合、それに替わる「内容」や「方法」での評価を行なうことができると考えられる。

（4）試験などの実施方法

●方法を変える

　他の児童・生徒と同じ内容で実施することが可能であれば、内容は変えずに試験を行なうことを目指さなければならない。この際に注意を要するのは、「できるかできないか」ではなく「十分な能力が発揮されるか」である。

　行動の抑制が強く、書字に通常よりも多くの時間を要する場合、問題を解くこと自体は可能である。このため、「できるかできないか」で言えば「できる」ことになるだろう。しかしこのような状態で試験を受けると、制限時間内に十分な解答をすることができない。これでは「他の子どもと平等に『教育を受け

る権利』を享有・行使すること」が保障されているとは言えない。このため、十分な能力を発揮することができるように、別室での受験や時間延長などの配慮を行なう必要がある。

　図工などの教科のように成果物により評価を行なうものについては、作品の作成が困難であるという状況が考えられる。このような場合は、別室で作業を行なうことによって作成が可能になるか検討したり、家に持ち帰っての作成を許可することが考えられる。またポートフォリオによる評価を行なう場合には、普段からの授業への参加が行なわれるように促したり、成果物の記入を家庭で行なわせるといった配慮が求められる。

　実技の場合も、実施方法に配慮することで同じ内容ができることを目指すのが第一である。学校で歌が歌えないのであれば、家で歌えるようならそれを録音・録画するという方法が考えられる。しかし場面緘黙の特性から、特定の内容についてはどのような配慮があっても実施できないことも考えられる。このような場合、代替的な内容での実施を検討する。

●内容を変える

　内容を変える場合は、その教科の内容や目標を十分踏まえたものでなければならない。例えば以下のような生徒の場合に、どのような代替的内容が可能かを考えてみよう。

> 　男子生徒、高校2年生。音楽の時間に歌で評価を行なうことになっているが、この生徒は学校で歌うことが全くできず、先生に聴かれるとなると家でも歌えなくなってしまう。

　高等学校学習指導要領では、歌（歌唱）に関する内容は「A表現」の一部となっている。「A表現」の中には「歌唱」の他に、「器楽」と「創作」の内容が含まれている。また目標に関しては、「音楽Ⅰ」であれば「音楽の幅広い活動を通して、生涯にわたり音楽を愛好する心情を育てるとともに、感性を高め、創造的な表現と鑑賞の能力を伸ばし、音楽文化についての理解を深める。」と書かれている。目標には「歌唱」ではなく「表現」と書かれていることから、

歌唱以外の器楽及び創作の活動でも目標を達成することは可能であると解釈できる。従って評価に関しても、器楽や創作を通じて「創造的な表現」を評価すればよいだろう。

また「音楽の幅広い活動を通して、生涯にわたり音楽を愛好する心情を育てる」という目標の前段の主旨を踏まえれば、歌えない生徒に最低ランクの評価をしたり評価の対象外にするということに問題があるのは明白である。合理的配慮と「メッセージとしての評価」を適切に行ない、音楽嫌いの生徒を生みださないようにしなければならない。

(5)「通知表」などにおける記述

学校教育において作成される「評価」に関わる文書として、「通知表」「指導要録」「調査書」がある。特別支援教育の対象となる児童・生徒に作成される「個別の指導計画」にも評価は伴うが、処遇を決定するという機能はないためここでは該当しない。以下では上記3点について、それぞれの機能とそれに応じた評価の在り方について述べる。

● 通知表

「歌が歌えなかったから通知表の音楽の成績は斜線だった。歌えないのは確かにそうだが、こういう評価になるのは何か納得できない……」というような保護者からの訴えを聞くことは少なくない。保護者や児童・生徒本人が普段目にする「評価」が「通知表」（通信簿とも呼ばれる）であり、学校の先生以外の多くの人はこれが評価そのものであると捉えているだろう。保護者や児童・生徒は通知表の内容に一喜一憂するし、これによって自分の能力の評価や将来が決められてしまうと感じるのではないだろうか。

しかし、通知表には法的根拠は存在せず、作成が義務づけられているわけではない。また作成にあたっても、その内容や様式はすべて校長の裁量とされている。通知表に書かれた内容によって児童・生徒の処遇や将来が決定されることはないのである。「処遇を決定するための評価」ではないとしたら、何のために通知表を作成し、学期ごとに保護者や児童・生徒にフィードバックしているか。それは、学習状況を伝えることで学習状況への理解を促すとともに学習

に対する動機付けを図る、という「メッセージとしての評価」のために他ならない。

メッセージとしての評価であれば、それは児童・生徒の今後の学びに資するものでなければならない。場面緘黙児が他の児童と同じように歌が歌えなかったとしても、それは当たり前のことである。「歌が歌えなかったから音楽の成績は評価できません」という対応は子どもや保護者を傷つけるだけであり、教育的な価値はない。通知表への記載は、代替的な内容での評価を保障した上で、学習への動機付けを図るものでなければならない。

先述の音楽の目標には「生涯にわたり音楽を愛好する心情」という文言が入っているし、国語や体育でも「生涯にわたって日常的に読書に親しむ態度」「生涯にわたって運動に親しむ資質や能力」と書かれている。評価によって子どもを国語嫌い、運動嫌いにしてしまっては、本末転倒である。

●指導要録

よく知られている通知表に対して、学校教育における公式の評価の記録である「指導要録」の存在は、一般には知られていない。指導要録は学校教育法施行規則に根拠があり、校長に作成が義務づけられている。

「児童生徒の学習と教育課程の実施状況の評価の在り方について（答申）」では指導要録の基本的な性格および機能として次のように述べている。「児童生徒の学籍並びに指導の過程及び結果の要約を記録し、その後の指導及び**外部に対する証明**等に役立たせるための原簿となるもの」（太字は筆者）、「指導と評価の一体化という考え方の確立に大きな役割を果たしている」。

指導要録の様式を定めるのは設置者の教育委員会であるが、文部科学省が提示する参考様式を基に作成されるのが一般的である。外部に対する証明などの際の原簿となるものであるから、指導要録には児童・生徒の処遇を決定するという側面も含まれている。

処遇を決定する評価という性質上、指導要録への記載にあたっては他の児童・生徒と同等の基準での評価が行なわれなければならない。しかし、指導要録も合理的配慮の対象である。障害を理由とする差別が生じるようなことがあってはならない。

小学校の音楽であれば、文部科学省によって示されている指導要録の例によると、歌唱に関わる内容は「音楽表現への創意工夫」と「音楽表現の技能」とされている。指導要録上の記載は歌唱であることは求められていないため、歌唱以外の代替的な内容による評価で替えることでも矛盾は生じない。歌唱はできなくても、他の児童・生徒と同等の基準での評価が可能であり、そのことで不利益が生じないようにすることができる。

●調査書

　「調査書」（内申書とも呼ばれる）は、高等学校などの入学者選抜のための資料として作成されるものであり、その様式や記載事項などは各都道府県教育委員会などの判断において定められている。先述の答申では「中学校における平素の学習状況等を評価し、学力検査で把握できない学力や学力以外の生徒の個性を多面的にとらえたり、生徒の優れている点や長所を積極的に評価しこれを活用していくという趣旨から、**学力検査と並んで重要な資料**として用いられている」（太字は筆者）と説明されている。

　調査書は高等学校などの入学者選抜のための資料であることから、本来は指導要録とは作成の目的や機能が異なるものである。しかし、児童・生徒の処遇を決定する点は共通しており、むしろそのような機能が指導要録よりも強い。例えば、何らかの教科が「評価不能」になっていれば、直接的な不利益を被る可能性は高い。

　従って、調査書に記載する評価に関しては、障害に基づく不利益が生じないように慎重に配慮を行なう必要がある。評価の基となる試験や実技においては、個々の実態やニーズに応じた合理的配慮をよく検討した上で、もっている能力が十分発揮できるよう環境を整え、他の児童・生徒と同等の基準で評価が行なわれようにしなければならない。

Ⅵ　進路指導・入学試験

（1）「話ができないと高校に行けない」？

　進路指導は進学や就職のためのガイダンス的な側面だけでなく、それを通じ

て児童・生徒の成長を促すという教育的役割ももっている。これは、「高校生になるために〇〇をがんばろう」といった目標として示されることもある一方で、何らかの苦手さや困難さを抱える児童・生徒に対しては「〇〇ができないと高校に行けないよ」という形で提示されることも少なくない。場面緘黙児に対しても「話ができないと高校に行けない」のように言われることは多いだろう。もちろん、そのことで高校進学を制限させるというのではなく、「だから話せるようになろう」といった意味が込められていることがほとんどだろうが、実際に何らかの形での進路選択の制約が生じてしまう場合もある。

　2016年（平成28年）4月に施行された「障害を理由とする差別の解消の推進に関する法律（障害者差別解消法）」では、行政機関や事業者に対して「障害を理由として障害者でない者と不当な差別的取扱いをすることにより、障害者の権利利益を侵害してはならない」としており、障害を理由とする差別を禁止している。ここには入学や受験を拒否することも含まれる。しかし、障害者差別解消法や場面緘黙、発達障害についての学校や教育行政の理解は十分であるとは言えず、実際に入学や受験が拒否されるという事態は起こり得る。学校関係者は、このことが「障害を理由とする差別」にあたるということを、よく認識しておく必要がある（詳細は「Ⅰ　「合理的配慮」の考え方」参照）。

　それでも残念ながら、場面緘黙状態の生徒の保護者から、希望する高校や大学から受験を断られたという相談を受けることがある。診断書を提出したり、手帳（精神障害者保健福祉手帳）を持っているのに、そのことで反対に一層拒否されてしまったというようなケースもある。そういう時に筆者は「無理してそういう学校に入っても、入ってから適切な支援が受けられないことが明らかですから、そういう学校なんだと入口で判断できてよかったと解釈して、もっとよい学校を探しましょう」と話している。

　なお、障害者差別解消法により受験すること自体が排除されることはないが、このことは必ずしも合格を保証するものではないことは言うまでもない。学力試験などによって求められる水準に達しない場合は不合格となることもあり得る。

（2）面接ができない場合

　高校入試や大学の推薦入試やAO入試では、試験に面接を課していることが少なくない。受験にあたっての最大の懸念は、面接の際に話ができるか、不利にならないかであろう。

　この場合の対応には、①話しことばで面接ができるようになることを目指す、②合理的配慮として話しことばによる面接以外の方法（代替的な方法）での実施を依頼する、の2点が考えられる。

　いずれの対応を選択するかについては、本人の状態や意向に応じて検討されるべきである。場面緘黙状態の生徒の中には、本当に必要な場面では話すことができる者もいるし、面接というイベントそのものが場面緘黙改善のためのきっかけとなる可能性も存在する。場面緘黙の状態は固定的なものではなく、成長や発達、環境の変化などに伴って変化し得るため、ある時点では社会的障壁であったものが、別のときには社会的障壁ではなくなることもある。もし練習すれば話せるようになるのだとしたら、安易に合理的配慮として代替的な手段を選択してしまうことは、むしろ本人の成長を阻害することにもなりかねない。

　合理的配慮として話しことばによる面接以外の方法での実施を依頼する場合は、前節で述べた評価にあたっての考え方に基づき、対応を検討することになる。具体的な方法としては、面接場所や面接者などの実施環境への配慮、筆談などの代替的コミュニケーション手段の使用、面接時間の延長、課題レポートのような代替的内容などが考えられる。またこの場合、合理的配慮を提供したことや場面緘黙であることによって、評価が低くなることがないようにしなければならない。

　ただし、志望する学校や科によっては、話しことばによる面接が不可欠なこともあるだろう（例えば声楽科や声優の養成校など）。その学校や科の期待する学生像やアドミッション・ポリシーから判断して、話しことばによる面接でなければならないと言えるような場合は、代替的な方法を行なわないことも可能であると考えられる。

　また、入学試験にあたって合理的配慮の提供を希望する場合、当事者・保護

者は診断書を提出しなければならない。「話せない」という状態が個性や極端に大人しいだけではなく「障害」であることを客観的に示すことは、他の受験者に対する公平性を保つ上で必要である。診断書は、当事者・保護者からすれば権利を行使するために、学校側からすれば義務を履行するために必要な書類であると捉えておくとよいだろう。

第3章

学校内外の連携と資源の活用

I 連携の必要性

　場面緘黙は、学校だけで治そうと思ってもうまくいかないし、保護者の努力だけでできることも限られている。連携が必要な理由は、「アセスメント」と「介入」の両面から指摘することができる。

(1) 多面的なアセスメント

　学校と家庭では異なる姿を見せるのが場面緘黙の特性である。学校での様子を見ているだけでは、その子の本来の姿やもっている力を把握することができない。話すことに限らず、学校ではできないさまざまなことが、家庭ではできている可能性があるためである。

　発話に関しても、「家では話している」ということがわかればよいわけではない。話す相手や状況、声の大きさ、話す内容や複雑さ、発音や流暢さ、というように、細かく検討すれば何らかの問題が見つかるかもしれない。その子の本来の姿を理解するには、さまざまな視点から情報を持ち寄らなければならないが、このような情報を把握できるのは家族だけである。

　保護者から見ても同じである。家で話していても、学校でどんな様子かは直接知ることができない。授業参観で初めて無表情なわが子を目の当たりにして、「話していないとは聞いていたが、まさかこんなだったとは」という感想を抱く保護者もいる。

（2）連携による介入

　McHolm ら（2005）は、場面緘黙児が与えられた場面でどの程度安心して話せるかを決定する要素を、「人（その場面にいる人々）」「場所（物理的な場所や状況）」「活動（その時に行なわれている活動）」の３つに整理している。この３つの要素を組み合わせることで「友だちが**家に**遊びにくる」「**母親と**学校で会話をする」「担任と**母親と**３人で教室で音読の練習をする」のようなさまざまな場面を設定することができる。このように組み合わせを替えて「話せる場面」を作りだすには、学校と保護者との連携が不可欠である（詳細は第４章「Ⅲ　話せる場面を広げる方法」などを参照）。

　また、連携は可能性を広げることでもある。学校内であっても学校外であっても、支援チームに新しい資源が加わることは、それだけ「人」「場所」「活動」の組み合わせが増加することになる。習い事や地域での活動は、「できそうなこと」を広げる次の一歩になるかもしれない。

Ⅱ　保護者との連携

（１）保護者はどんな情報を知ることができるか

●これまでの育ち

　今その子が見せている姿は、これまでのその子の育ちの中で形作られてきたものである。その子の育ちの過程をよく理解することは、目の前の出来事を理解するためにはとても大きな意味をもつ。

　「学校で数人と小声で話すことができる（小学３年生女児）」という状態の子を考えてみよう。この子が保育園に通っていたときはどうだっただろうか。今よりもっと緊張が強く、表情も体の動きもほとんどなく過ごしていたかもしれない。ようやく表情が出せるようになってきたのが２年生くらいからで、学校で話せるようになってきたのは最近のこと、という様子だったら、「以前よりも成長しているし、話せる相手も増えてきている。しばらくは直接的に何かをすることはせず、環境を整えるだけで様子を見ることにしましょう」という判断になるかもしれない。反対に、保育園の頃は今よりもたくさんの友だちがい

て、もっと大きな声で話せていた、という状態だったらどうか。小学校に入ってからの２、３年で明らかに悪化してきたというのであれば、「様子を見ましょう」というようなことは言っていられない。より迅速な介入が必要である。

　その子の育ちを一番近くで見守ってきた保護者でなければ、その子の本当の姿は知ることができない。

◉したいこと、できるようになりたいこと、困っていること

　本人の「○○になりたい」「○○ができるようになりたい」という気持ちは、大切な発達の原動力である。ここに強い気持ちがあれば、本人を巻き込んで話す練習をするのもうまくいくだろう。しかし場面緘黙児の抱えているさまざまな思いを、教師が聴き取るのはなかなか難しい。アセスメントに果たす保護者の役割は大きい。

　もしかしたら保護者からの聴き取りで、意外なことが明らかになるかもしれない。周りの大人は「話せないから○○（学校の先生になる、声優になるなど）は無理」と思ってしまいがちであっても、本人がどう思っているか、聞いてみないとわからない。

　場面緘黙児はたくさんの悩みを抱えている。一見、友だちや周りの人に関心が無いように見える子でも、細かい注意をクラスメイトに払っていたりする。「学校で流行っている遊びを自分もしたい」「本当はカードを交換したくていつも持って行ってるんだけど、声をかけられると返事ができなくなっちゃう」といった思いは、恐らく保護者を通じてしか知ることができないだろう。

　なお、場面緘黙児の抱える悩みを理解するために、らせんゆむさんの『私はかんもくガール―しゃべりたいのにしゃべれない場面緘黙症のなんかおかしな日常』（合同出版）を読んでみることをお勧めする。主人公のらせんさんが育ちの過程で経験したさまざまなエピソードは、もともとはどれも普通の子でも経験する出来事であるのに、そこに場面緘黙であるが故の独自の問題が加わることで、より深刻な悩みへと変貌する様がよくわかる。「話せる／話せない」だけではない、その子たち一人ひとりの生活に根ざしたさまざまな思いや悩みを聴くことが大切である。

（2）保護者はどんな介入ができるか

　場面緘黙児にとって、学校は話せない場所であり、教師は話せない相手である。スモールステップの原則から言えば、挑戦するのは難易度の高すぎることではなく、少し難しいが達成可能なことでなければならない。話す場所か話す相手か、いずれかの要素をより容易にできるものに変える必要がある（詳細は第4章「Ⅲ　話せる場面を広げる方法」などを参照）。

● 〈家で〉話す

　学校という場所では声が出せない相手とでも、家でなら話せるかもしれない。仲のよい友だちを家に呼んで話す機会を作るのは効果が高い手段の1つである。

　教師が家にくるのが有効なこともあるが、タイミングを誤ると「安全であるはずの家にまで担任がきた……」となってしまいかねない。教師の家庭訪問は本人の同意を得てから行なうのがよいだろう。また友だちとは異なり、継続的に行なうのが難しいという問題点もある。

● 〈親と〉話す

　保護者や兄弟姉妹と教室で話すのもうまくいくことが多い。放課後や夏休みのような他の子のいない機会を使って、保護者と2人で教室で話すことができれば、「教室で話す」という段階の一歩となる。特に、春休みの学年が上がる前に新しい教室でこの練習をしておけば、新しい教室は「話せる教室」になるかもしれない。

● 地域の資源

　親戚との関係や習い事、地域での活動といった、家庭でも学校でもない活動も重要である。「水泳教室では違う学校の同学年の子と楽しく話している」「塾の先生とは会話ができる」といった情報があれば、家庭と学校の中間に位置付け、支援計画に組み込むことができる。学校外の活動に参加していない場合は、知っている子がいない学区外の習い事に通うのを試してみるとよい（詳細は「Ⅴ　地域の資源の活用」参照）。

（3）学校と保護者との連携を上手に進めるには

　保護者との連携が大切であることに異論のある人はいないだろうが、現実的にはうまくいっていないケースもある。信頼関係の形成を促進する上で大切な要素を以下に述べた。

● 校内の役割分担

　児童・生徒が何らかの問題を有していても、それを担任から保護者に伝えるのは、時として勇気が要ることである。「うちの子に障害があるって言うんですか？」という反応が返ってくることもある。しっかり信頼関係を築いてから言えれば越したことはないが、すべてそういうわけにはいかない。

　大事なことは伝えながらも、信頼関係を維持するためには、学校側は役割分担をして保護者に対応するとよい。言いづらいことは特別支援教育コーディネーターや管理職が伝えることにしておけば、担任は保護者との信頼関係を第一に考えることができる。

● 「チームの一員」という意識

　場面緘黙児への介入に最も力を発揮するのは、誰よりも保護者である。支援会議のときに「お客さん」として参加してもらうのでなく、チームの一員という意識で普段からの連携を密にしておくことが望ましい。

　保護者は、その子が産まれてからこれまでを一緒に歩んできた。生育歴を熟知しており、性格や好みも把握しているその子の専門家である。また保護者によっては、研修会に参加したり熱心に場面緘黙についての情報を収集しているので、教師よりも専門的な知識を有していることがある。近年は最新の研究成果もインターネット上で閲覧することが容易になっており、その気になれば海外の論文や書籍を読むこともできる。

● よいところを伝える情報共有

　連絡帳などを通じた普段からの情報共有は大事である。しかし、担任は「情報共有」を行なっているつもりでも、保護者から見ると「悪いところばかりを指摘されている」ように受けとめられてしまうことがある。「○○ができなかった」ばかりにならないよう、普段からよいところやできていることを伝えるよう心がけておくとよい。

●個別の指導計画・個別の教育支援計画の活用

　校内で、保護者も同意の許（もと）に特別支援教育の対象であることが確認されている場合は、個別の指導計画・教育支援計画の作成と活用を進めるべきだろう。個別の指導計画・教育支援計画は保護者と共通理解を図り、効果的な介入を行なう上で不可欠な道具である。

　入学したときに作ったままになっていたりすることがあるが、場面緘黙児は時間の経過とともに状態が大きく変化する。個別の指導計画に関しては最低でも学期に1回は、保護者・担任を含めた関係者が集まり、進捗状況を確認して計画の修正を行なうべきだろう。

●効果的な支援会議

　せっかく支援会議を開催しても、具体的な計画を立てずに情報共有だけで終わってしまうことがある。家庭での様子を聴き取るだけでなく、教師、保護者双方に対して「誰が、何を、いつ」行なうかという今後の計画を明確にすることが大事である。その際、「いつまでに」を明確にしておくと、進捗状況の確認や支援計画の見直しがしやすくなる。

（4）保護者が支援の必要性を認識していない場合

　保護者が支援や介入の必要性を認識していなかったり、特別支援教育の対象となることを拒否することがある。いくつかのケースに分けて、保護者と認識を共有する方法について説明する。

●学校で話せない状態であるということを知らない場合

　その子が学校で話せない状態だということを、保護者がよく理解していないことがある。学校では家庭の様子がわからないのと同様に、家庭では学校の様子がわかりにくい。家でよく話していれば、「学校で話していない」と言われても、表情もなく全く一言も発することができない状態は想像が難しい。

　この場合は、まずは認識を共有するために学校での様子を見に来てもらうのが有効である。様子を見て保護者が「まさかこんなに話せていないとは思っていなかった」と感じれば、相談につなげやすい。

●学校の様子は知っているが、家でも大人しいから問題視していない場合

「家でも大人しい／あまり話さない」といっても、学校での様子と比べればよく話していることもある。「家でもあまり話さないから」という場合、どの程度の様子をイメージしているかが異なっている可能性があるため、やはり実際の様子を見てもらうのがよい。

ただこの場合、「家でも同じような感じだから問題ない」と思われてしまうこともある。その際は、音読や係活動など、現実的に学校生活で支障が出ている場面があることを伝えた上で、まずその特定の場面での対応を検討したいと伝えるのがよいだろう。

また、「大人しい／あまり話さない」は自閉症スペクトラムや知的障害が疑われる手がかりでもある。反対に家庭での様子を詳細に聴き取ったり、動画に撮ったものを見せてもらったりすることで、学校では発見できない実態に気づける可能性もある。

◉学校の様子は知っているが、そのうち話すようになると思っている場合

「そのうち話すようになる」は場面緘黙に対するよくある誤解と言われるが、実際にそのうち話すようになる者も存在する。特に保護者も場面緘黙経験者であった場合、「自分は治ったのだからこの子も治るはず」と考えてもおかしくない。また「同じように話さない子が親戚にいたが話すようになった」のように他の場面緘黙児を知っていることも考えられる。

この場合は、介入が必要な理由と、それを早期に行なう理由を説明する。前者は、「場面緘黙の経過は人それぞれであり、話せないまま大人になる人もいる」ということである。後者は、「早い方が介入を行ないやすい」「早いうちに支援をしてあげた方がその子が楽」ということを伝える。場面緘黙当事者や経験者の手記を読んでもらうことも手段の１つであるが、書かれているのはあくまで個別のケースであるため当てはまらないこともあり、また保護者の不安を煽ることにもなりかねないので注意を要する。

◉学校の様子は知っているが、「特別支援教育」の対象となることに抵抗感がある場合

保護者によっては特別支援教育に対してよくないイメージをもっていたり、「特別支援学級に入ると○○で不利になるのでは」という心配の声を聞くこともある。自分は必要だと思っているが保護者の両親（子どもにとっての祖父母）

が反対しているというケースもある。地域によっては特別支援教育に対する差別や偏見が根強いところもあるだろう。

このような場合は、担任よりも特別支援教育コーディネーターや管理職から、制度や受けられる支援・配慮についての説明があるとよいだろう。具体的にどのような支援や配慮を受けることができるか、どのような成果が期待されるかといったことを丁寧に伝え、保護者の不安や疑問点を解消する必要がある。

（5）保護者からの要求が過剰な場合

保護者から学校への要求が過剰で、学校側ができることよりも遥かに多くのことを求めてくると捉えられるケースもある。「均衡を失した又は過度の負担を課さないもの」という合理的配慮の範疇を超え、他の児童・生徒への影響が大きいものや明らかに公平さを欠いているものであれば、できないものはできないと明確に伝える必要がある。しかし、実際その要求が本当に、均衡を失したり過度の負担を課したりするものであるかは、学校側の捉え方によっても左右される。

● できるかできないかは学校によって異なる

新年度を迎える際に保護者から「事前に担任を教えてほしい」「始業式の前の日に担任と会う時間を作ってほしい」という要求が出されることがある。筆者の経験では、これに対して快く応じてくれる学校もあれば、「不公平になる」「4月○日までは教えられないことになっている」「学校の慣行に反する」「前例がない」といった理由で応じてもらえない学校もある。後者の学校からすれば、「事前に担任を教えてほしい」という要求は均衡を失したり過度の負担を課したりするものなのであろうか。しかし事前に担任を教えても、誰かが困ったり負担や実質的な不公平が生じたりはしない。個別的な支援の妥当さ（あるいは過剰さ）は相対的なものであって、学校の文化や価値観、校長のリーダーシップ、環境などに大きく左右される部分があるということである。

支援会議の実施や個別の指導計画の作成状況も学校によって異なる。特別支援教育の対象を「特別支援学級教育や通級による指導の対象になっている児童生徒」と限定的に捉えている学校もあり、「特別支援教育の対象になっていな

ければ支援会議は開きません。個別の指導計画も作りません」と言われてしまうこともある。

担任によっても対応が異なる。「連絡帳に担任の先生から一言コメントを書いてほしい」「放課後に先生と遊ぶ時間をとってほしい」といった個別的な関わりへの要求も、率先して応じてもらえるケースもあれば、そうでないケースもある。もちろん学級担任は非常に多忙であるし、学級担任にも家庭や生活がある。このような個別的な関わりができるかどうかは、担任の業務量の多さや学年、その他の状況（部活や分掌など）によって左右されるだろう。

●保護者から要求は本当に過剰か？

場面緘黙児への個別の支援というのは前例がない学校も多く、どこまでするべきなのかというのは学校側も判断に困ることもあるのだろう。しかしこのような保護者からの要求に対して、「保護者の理不尽な要求を学校はどう対応するか」のような考え方になってしまっては、保護者と適切な連携を行なうことはできない。なぜ保護者が一見「過剰」ともとれる要求を学校側にしてくるのだろうか。ここには、「場面緘黙」の特性からくる重要な問題が含まれている。

場面緘黙は話しことばや意見、行動の表出が少ないため、①当事者からの援助要請がない、②担任が援助の必要性を感じない、ということが起こりうる。①に関しては説明するまでもないだろう。②については、「周り（特に担任）に迷惑をかけない」ことが大きい。何しろクラスにはもっと「手がかかる」児童・生徒がいっぱいいるから、ということばを何人もの保護者や教師からこれまで聞いてきた。そしてこれらの結果として、場面緘黙児には援助の手がさしのべられないという事態が生じるのである。

保護者が一見「過剰」ともとれる要求を学校側にしなければならない理由がここにある。つまり、保護者が援助要請をしなければ、その子は放置され続ける可能性が非常に大きいのである。実際に多くの保護者は、場面緘黙状態になっているわが子が、「他に手がかかる子がいる」という理由でほとんど何の援助もされないままになっている姿を見てきたはずである。

●保護者をチームの一員に

過剰な要求をしてくる保護者は、適切な信頼関係を形成することができれ

ば、チームの一員として強力な味方となる。ただしそのためには、保護者や本人の思いに寄り添う心と、前例に囚われない柔軟な発想と、実態やニーズに応じた適切な支援計画を立てられる力量が、学校側に求められる。

(6) 保護者への支援

　保護者も専門家でありチームの一員であるという前提は変わらないが、保護者自身も何らかの支援ニーズを有していることがある。情報提供などの一般的な保護者支援で十分な場合もあるが、中には専門機関との連携が必要なケースも存在する。

　海外の研究では、保護者の多くにも何らかの不安障害がみられることが指摘されている。Chaviraら (2007) は場面緘黙児70組140名の家族を対象に不安障害の有無を調査し、両親の37%に社交不安障害が見られたことを指摘している。またBlack & Uhde (1995) の調査では保護者の15%が場面緘黙の経験者であったという。これ以外にも、保護者自身も不安を感じやすかったり、何らかの心理面の問題を抱えていたりすることがある（もちろんすべての保護者がそうというわけではない）。

　不安障害があることや場面緘黙経験者であることからすぐに援助の対象となるわけではないし、場面緘黙の問題を安易に保護者の責任にするべきではないが、保護者自身にも支援のニーズがあるケースが存在するのは事実である。筆者もこれまで、保護者自身の問題についての相談を平行して行なったケースを複数経験したことがある。

　このようなケースでは担任だけで対応しようとせず、スクールカウンセラーや養護教諭など校内で連携して十分なアセスメントを行ない、対応を検討するとよい。また必要に応じて外部の専門機関につなぐことも選択肢となるだろう。

(7) 養育環境の影響

　「相談に行ったら、親の育て方の問題と言われてしまった」「親の愛情不足と言われた」という相談を受けることがある。支援会議の場で、保護者には何の

落ち度もないのに、保護者に向かってこのような発言を教師がした場面にも居合わせたことがある。

　これは場面緘黙に対する深刻な誤解に基づくものである。古い研究では、養育環境や親の養育態度が場面緘黙の原因となる可能性を指摘しているものもあるが、近年は養育環境や養育態度は場面緘黙の主たる原因である可能性は否定されている。Cunninghamら（2004）は各52組の場面緘黙群と統制群を比較し、両者において家族機能不全の程度差や婚姻形態、経済的資産などの家族的特性の違いは見つからなかったことを指摘している。根拠となる情報もなく不正確な知識で保護者に責任を押し付けるのは大きな問題であり、支援者としては厳に慎まなければならない。

　ただしこれは、育て方や家庭環境が場面緘黙に影響しないという意味ではない。McHolmら（2005）も指摘している通り、家族機能の不全を原因の1つとして場面緘黙を発症する子どももいるのは確かである。場面緘黙に限らず、どのような環境でもその子の発達を促進したり抑制したりする因子になり得る。

　もちろんこれは家庭だけでなく、学校も同じである。家庭という環境に問題があると保護者を責めるのであれば、学校という環境にはもっと大きな問題がある可能性を、同時に認めるべきであろう。

事例

　芥川龍之介に「藪の中」という短編がある。都に向かう街道の脇の藪の中で密かに行なわれた殺人事件について、きこりや旅法師などさまざまな登場人物がそれぞれの視点から物語り、次第に藪の中での出来事が明らかに……という短編小説である。

　保育園や学校と家庭とで異なった姿を見せるのは、場面緘黙児だけではない。園では着替えも食事も遊びもこんなことまでできてしまうのかと大人を驚かせる一方で、家に帰ると途端に赤ちゃんに戻ってしまう子もいる。どちらが本当というよりも、どちらも本当の姿であろう。発達というのはまさに環境との相互作用の産物であることを思わせる。ただこのような子どものがんばりは、時としてその子の力を過大評価してしまうことにもつながる。あんなこともできる、こんなこともできる、とどんどん求められるものが高くなっていってしまえば、それについていくことは

難しくなるだろう。
　Gは、同じ年齢の子に比べると顔つきも体つきも大人びている。保育園では一言も話さないから、嫌なことがあっても嫌と言えない。それどころか、弱いところを見せないように無理に笑顔を作りだしてもいる。だから保育士からは「我慢強い子」と見られてしまうようである。しかしGは、本当はとても不安や恐怖を感じやすい。園で怖いことや嫌なことがあると、決まって夜中に激しい夜泣きをする。そんな様子を見て母親は、今日も辛いことがあったんだなと思うのである。
　だがそのことを園に伝えても、「大丈夫大丈夫、Gちゃんがんばってるから」「年長さんなんてそんなもんよ」と言って取りあってくれない。母親も、お迎えに行ったときに「今日はがんばってましたよ」「今日はGちゃんすごかったですよ」と言われると、ああそうかなという気がしてしまう。だからGは、怖かったことがあっても、母親にもなかなか話せないのである。園も母親も、夜泣きという事実をしっかりと受けとめて、日中の園で見せているGの姿との違いに思いを馳せなければならない。
　幸いGについては、早期から保護者と園と子ども家庭支援センターの相談員とが同じテーブルにつき、支援を検討する場をもつことができた。Gの苦手な運動会をどうするか、お当番さんのときはどう対応するか、小学校への移行支援をどう行なうか（これは小学校の先生も交えて）、といった相談を行ない、無事に小学校への進学につなげることができた。小学校ではよいスタートを切れたようで、何人かの友だちもできて、学校で話している様子も見られるという。
　ところで、話はこれだけでは終わらない。Gの母親からはよく相談を受けるのだが、母親から聞く園や学校でのエピソードと、先生方から聞くエピソードに、若干の違いがあったりするのである。例えばこんなことがあった。母親から電話がかかってきて、「水筒を忘れてしまって、それが言い出せなくて泣いてしまった。その後先生から『どうしたの？』と聞かれて、答えられなくて強く叱責された」と言うのである。園とはすでに筆者が直接やりとりできる関係にあるので、「では私から園に確認してみますね。また対応の仕方を検討してもらいましょう」と言って電話を切り、すぐに園に電話をかけた。
　「先ほどGちゃんのお母さんから電話があって……」と母親から聞いたことを主任の先生に伝えると、たまたまその場に居合わせていたようで、その時の様子を教えてくれた。主任の先生の説明では、水筒を忘れたのは確かだが、叱責したりはし

ておらず、泣いていたので園のお茶を飲ませてあげて、担任の隣で食べた、とのことであった。どうもこちらの話も本当のように聞こえる。これは一体何だろう。ではいったいGはどんな経験して、どんなことを母親に話したのだろうか……。

　こんな時、犯人捜しをしてもきっとよいことはない。もちろん、いくつか考えられる可能性はある。もしかしたら、母親からの遠回しの援助要請なのかもしれない。だが、G自身も含め、みんなが「本当」のことを言っている可能性だってある。事実というのは存在せず、あるのは解釈のみなのかもしれない。だとしたら何が本当かを探すよりも、どうしたらGがよりよく毎日を過ごせるようになるのかを考える方が、大切なのではないかと思うことがある。

Ⅲ　学校内の連携と役割分担

　学校は役割の異なるさまざまな教職員で構成されている。担任は児童・生徒と長い時間過ごすが、担任が見ているのはその子の姿の一部分だけである。どんなに長い時間を過ごしていても、その子は「担任のいるときの姿」しか見せない。アセスメントにも介入にも、担任だけでは限界がある。

(1) 担任

　担任教師の役割は非常に大きく、1人で抱え込もうとすれば、保護者との連携からチームづくり、アセスメントと支援計画の作成、介入と、すべきことは膨大になる。適切に役割分担をした方がチームとしては高い能力を発揮することができる。

　場面緘黙支援において特に担任にしかできないのは、日々のクラス運営である。クラスの運営が担任の極めて重要な役割であることは第2章で述べた（「Ⅱ　クラスの環境づくり」などを参照）。クラスは学校生活の中で最も過ごす時間が長い場所であるが、場面緘黙児にとっては居心地のよい場所とは限らない。クラスがその子にとって過ごしやすい場所になるだけで、学校での生活のしやすさは向上する。

　また担任は、場面緘黙児が話せなくなってしまう社会的状況をつくりだす環

境因子であり、時として社会的障壁そのものとなってしまう。性別や年齢、その他相性などによっては、担任以外の教職員の関わりが有効な場合もある。

（2）特別支援教育コーディネーター

支援会議のコーディネートや個別の指導計画の管理などを行なう。場面緘黙支援はチームでのアプローチが不可欠であるため、コーディネートの業務は欠かすことができない。担任が行なうこともできるが、役割分担を考えればコーディネーターが行なうのが望ましい。また保護者ががんばりすぎてしまうあまり、関係機関とのコーディネートも保護者が行なうことになってしまうことがある。一度お互いに紹介しあった後は、コーディネーターが窓口になる方がよいだろう。

またコーディネーターは校内の特別支援教育の専門家でもある。支援計画の進み具合を客観的に評価して改善策を検討したり、専門的な視点からの助言や提案を行なうのもコーディネーターに期待される役割である。

（3）管理職

クラス編成や進学のような大きな環境の変化は、場面緘黙状態改善のための非常に大きなチャンスとなる（第4章「Ⅶ　環境の変化を活かした介入方法」などを参照）。クラス替えや担任の配置など、学校全体に関わる環境因子にアプローチすることができるという点で、管理職の役割は重要である。このようなタイミングで適切な介入を計画的に行なうためには、できれば学校長がチームの一員として関わっていることが望ましい。支援会議を学校長も参加して校長室で行なってくれる学校は、保護者から見ても信頼感が高まる。

（4）教科担任

中学生・高校生であれば、主要な教科の教科担任が関わり情報共有をしておくのがよいだろう。すべての教科というのは現実的に難しいかもしれないが、国語と英語の教師は参加することが望ましい。なぜ国語と英語かというと、授業時間中に声を出すことが要求される場面が多いためである。授業中に声を出

すのは場面緘黙児の苦手とすることであるが、反対に声を出すための練習の機会として活用できる可能性も大きい。中学・高校生であれば本人も巻き込んで、国語や英語の時間を活用した支援計画を考えるとよいだろう（第2章「III 授業・学校生活における配慮・対応の実際」参照）。

（5）特別支援学級・通級担当者

　特別支援学級や通級による指導を利用している場合、担当者と話せるようになることも多い。特別支援学級や通級担当者と話せる場合、言語能力や発達面の問題、本人の思いなどを把握することができるので、より専門的な視点でのアセスメントが可能となる。詳細については第4章「V　特別支援学級・通級による指導の活用」で述べる。

（6）学校内で関わりのある教職員

　担任が知らないその子の一面や友人関係を、別の教職員が知っていることもある。担任とは話せないのに特定の教職員とは会話をしていることもあるし、学校内で校長先生にだけは話をするという子もいる。こういった特別な関係にある教職員は、介入にあたって重要なキーパーソンとなる。支援計画の作成では、話せる相手や場所をどのように広げることができるかが鍵となる（第4章「III　話せる場面を広げる方法」などを参照）。すでに話すことのできる教職員がいれば、話せる場所や活動を広げやすくなる。

　養護教諭や支援員、事務職員のように、「教師」以外の大人の存在は子どもにとっては大きい。教師という役割には、学校内の規律を守るために児童・生徒を管理したり、価値判断の基準を与えたり、評価をしたりすることも含まれている。授業を受けていなくても児童・生徒にとっては「先生」であり、教師はその役割から逃れることができない。養護教諭などの学校教職員も同様の役割はもっているものの、その制約は比較的緩い。

（7）スクールカウンセラー（SC）との連携

　◉「チームとしての学校」の考え方

中央教育審議会に設置された「チームとしての学校・教職員の在り方に関する作業部会」は、文部科学大臣からの諮問に対して2015年（平成27年）12月に「チームとしての学校の在り方と今後の改善方策について（答申）」（中央教育審議会、中教審第185号平成27年12月21日）をまとめた。この答申では、『「チームとしての学校」が求められる背景』として「教育活動の更なる充実の必要性」や「複雑化・多様化した課題」を挙げ、「「チームとしての学校」の体制を整備することによって、教職員一人一人が自らの専門性を発揮するとともに、心理や福祉等の専門スタッフ等の参画を得て、課題の解決に求められる専門性や経験を補い、子供の教育活動を充実していくことが期待できる。」と述べている。

「心理や福祉等の専門スタッフ」については、「国は、スクールカウンセラーやスクールソーシャルワーカーを学校等において必要とされる標準的な職として、職務内容等を法令上、明確化することを検討する」「国は、教育委員会や学校の要望等も踏まえ、日常的に相談できるよう、スクールカウンセラーやスクールソーシャルワーカーの配置の拡充、資質の確保を検討する」としている。

● SCとは

SCは学校教育現場で活躍する心理の専門職であり、日本では1994年度（平成6年度）から「スクールカウンセラー活用調査研究委託事業」として導入された。教師以外の立場で学校教育に携わる数少ない専門職である。保有資格については、先述の答申によると約84%が臨床心理士とのことである。

場面緘黙児支援におけるSCの役割として、アセスメント、本人への介入（心理教育やカウンセリング）、保護者への相談、教師へのコンサルテーションなどが挙げられる。また、心理職としての専門性だけでなく、「先生ではない人」という立場を活かし、場面緘黙児にとって話せる相手となれる可能性もある。個室で1対1での面談を行なえることも、発話や筆談などのコミュニケーションを促進しやすい要素である。

● SCの行なうアセスメント

場面緘黙児支援においてSCの専門性が最も活かされるのは、アセスメント

ではないだろうか。会話や行動観察、遊びなどを通じたインフォーマルなアセスメントから得られる情報の他、話しことばでの十分なコミュニケーションが可能であれば、知能検査などを実施することもできる。また、ASDや認知、言語能力など、保護者や教師が見落としやすい問題に気付くことができる。

　心理の専門職であるSCであっても、アセスメントにあたっては信頼関係の形成が不可欠である。SCの配置には自治体による違いが大きく、学期に数回程度しか巡回がない学校もあるが、適切な関係が築けていなければ十分なアセスメントを行なうことは難しい。SCを活用する学校や自治体側は、信頼関係の形成もアセスメントのプロセスであることを認識し、柔軟に対応できるとよい。

● 本人への介入

　SCは病院などの外部機関のカウンセラーと異なり、学校の中での直接的な介入が可能である。支援計画の一段階として位置付け、SCと話せるようになることを目標としたり、話す場所を広げる練習を行なったりすることもできる。

　また、本人の年齢や理解度によっては、より直接的に心理教育やカウンセリングを行なうことが可能である。この場合も、SCだけで対応するのではなく、あくまで全体の支援計画の一部として行なわなければならない。

● SCが専門性を発揮するには

　SCが心理職として高い専門性を有していても、SC単独では学校という環境の中でそれを発揮することはできない。アセスメントもカウンセリングも、関係教職員や保護者との適切な連携があって初めて成り立つものである。

　百瀬・加瀬（2016）はSCや次で述べるスクールソーシャルワーカー（SSW）と教員との連携に関わる課題として、専門職の力量に関する課題の他に「活用・運用に関する課題」と「相互理解に関する課題」があることを指摘している。このうち「相互理解に関する課題」とは、教師の専門職に対する認知度や、他の専門とする領域や学校文化の理解といった内容が該当する。西山・川崎（2011）も児童・生徒に関わる専門職の連携について、「時間的ゆとりのなさ」「参加する仕組み・体制の不足」「職種による理解のずれ」が問題点として

認識されていると述べている。

では、相互理解を深め、連携を進めるにはどうしたらよいだろうか。教師は多忙であり、児童・生徒が下校後の時間も会議や授業準備だけでなく、部活の指導や教育相談などのさまざまな業務が待ち受けている。現実的な問題として、SCの勤務時間内に教師の手が空かないことも多い。SCが来校する曜日が限定されている場合は特に、同じ曜日はいつも時間がとれない、といったことも起こり得る。

連絡ノートの活用や、教頭が窓口となり必要事項をSCから聴き取って関係教職員に伝える、という方法もあるが、SCが関与する事例の多くは担任などとの直接の相談や連絡が不可欠なものであろう。教育相談に関する校内委員会を開催する日時をSCの来校日にあわせて年間計画の中にあらかじめ設定しておいたり、SCとの相談を優先的に行なう時間帯を決めておくといったように、情報交換の時間を設定しておくことが有効である。

しかし、より重視すべきなのは、日常的なインフォーマルなコミュニケーションである。SCの来校日が少ないところでは、校内のチームのメンバーというよりも「外部の専門家」という意識の学校もある。学校によってはSCの来校日に、来賓が来校するときと同じように「〇〇市スクールカウンセラー〇〇先生　本日はご来校いただきありがとうございます。校長室にお越しください。」のような掲示を職員玄関に出している。来校したSCを教頭が出迎えて校長室で談話をして……などということをしていては、校内の連携はできない。職員玄関にはSC用の下駄箱があり、職員室には共用でもいいのでSC用の机があって、休憩時間にはお茶を飲んで無駄話をするような関係になってこそ、SCの専門性が発揮される。

● 勤務時間外の会議などへの対応

SCとの連携を阻む要因の1つが勤務時間の制約である。特に、保護者を交えての支援会議は放課後や夕方に行なわれることが多い。支援会議は急に日程が決まることはほとんどなく、遅くとも前日までには日時が明らかになっているはずである。SCが関わっているケースであれば、勤務日時を調整して確実に出席できるようにしなければならない。

（8）スクールソーシャルワーカー（SSW）との連携
● SSW とは

　SSW は「社会福祉の専門的な知識、技術を活用し、問題を抱えた児童生徒を**取り巻く環境に働きかけ**、**家庭、学校、地域の関係機関をつなぎ**、児童生徒の悩みや抱えている問題の解決に向けて支援する専門家」（「生徒指導提要」文部科学省、平成22年、太字は筆者）である。2008年度（平成20年度）に文部科学省の「スクールソーシャルワーカー活用事業」が開始され、学校での実践は徐々に広がりつつある。校内の教員から学校長によって指名される特別支援教育コーディネーターとは異なり、学校の中だけでは解決や支援が困難なケースへの対応に力を発揮する社会福祉の専門職である。

● SSW の実践の視点

　SSW の活動は、ミクロ（個人や家庭）、メゾ（学校や地域）、マクロ（制度や政策、社会）の視点で実践されることに特徴がある。

　ミクロ領域の実践とは、個人や家庭といった個々の事例への対応である。ここには、個人内の因子だけでなく学校や家庭での生活全般が含まれる。一方メゾ領域の実践は、個々の児童・生徒だけでなく、学校という組織全体への介入を試みるものである。スクールソーシャルワークは対象となる子どもの最善の利益を目指して行なわれるが、メゾの視点での介入は同時に他の児童・生徒や学校全体にとっての利益となることも目指す。例えば学校内のケース会議を効率良く運営できるようにシステム化したり、外部の関係機関との連携を促進する、といった内容が含まれる。さらにマクロ領域の実践では、教育行政や社会への介入や協力が挙げられる。これは、制度の隙間で気付かれにくい問題についての情報発信であったり、教育分野と福祉分野の橋渡しといった内容が挙げられる。

● SSW の資格

　原則として国家資格である社会福祉士か精神保健福祉士資格を有する者とされる。また社団法人日本社会福祉士養成校協会が「スクール（学校）ソーシャルワーク教育課程認定事業」を実施しており、この課程を修了した SSW も存在する。その一方で、地域や学校の実情によっては資格を有するソーシャル

ワーカーが採用できないことがあるため、両資格がなくても福祉や教育の分野において専門的な知識・技術を有する者であれば採用されているという実態もある。「チームとしての学校の在り方と今後の改善方策について（答申）」によると、2013年度（平成25年度）にSSWとして配置された者の有する資格は、社会福祉士が47.0％、精神保健福祉士が25.1％であった一方で、両資格がなく教員免許のみであった者も36.1％存在した。

同答申によると、資格の有無で比較すると福祉の資格を有する者の方が「ケース会議において、把握されていない子どもの背景が伝わるように意識する」「ケース会議において、関係者と学校が協働して支援するプランニングを行う」などの項目において有意に取り組みを行なっていたという。しかし現状では、配置に係る課題として大多数の都道府県や市町村、学校が「財政事情により配置などの拡充が難しい」「人材の確保が難しい」という問題を抱えているとのことである。

● SSWが介入するケース

SSWの介入が求められるのは、純粋に「話すことができない」という緘黙症状だけが主訴となるケースではなく、家庭環境や生育歴にも何らかの問題を抱えるケースであることが想定される。筆者がこれまで関わったケースのうちSSWとの協働で介入を行なったのは、いずれも離婚や親の就職状況といった家庭内環境の問題が深刻なケースであった。

筆者の経験では、これらのケースに共通したのはいずれも、主訴が場面緘黙のみではない（話せないが、それよりも深刻な問題が他にある）ことと、解決が非常に困難なことであった。あるケースでは相談の場に保護者を巻き込むことがなかなかできず、「いかに保護者の協力を得るか」の試行錯誤が半年以上も続いた。子ども自身に何らかの発達面の問題が関わっていることも多く、場面緘黙状態の改善だけが主訴となる典型的なケースとはさまざまな面で異なるものであった。

● SSWの関わり

場面緘黙児への支援や介入においては、基本的な部分ではSCと共通する点が多い。特に教職員との連携に関しては、SC以上にSSWの専門性や必要性

の理解が学校現場で進んでいないため、専門性を十分に発揮するための障壁となっている。

　福祉の専門職である SSW の具体的な役割としては、本人への個別の関わりや学校内の環境への介入の他、関係機関（病院、児童相談所、子ども家庭支援センターなど）との連携・調整、障害者手帳や児童手当といった制度の利用などが挙げられる。

　本人への関わりについては、校内だけでなく家庭訪問も可能である。その場合には、本人との信頼関係が十分に構築されていることを前提に、「学校では話せないけど家でなら話せそう」という本人の意志も確認した上で、日時を決めて実施するとよい。また SSW と話せるようになることがゴールではないので、支援計画における位置付け（SSW と話せるようになってからどうするのか）を明確にしておくことも必要である。

Ⅳ　医療機関との連携

（1）連携のメリットと必要性

　カウンセリングや ST などのように医療機関への定期的な通院がある場合は、適切に連携を行なうことで介入の効果を高めることができる。

●学校以外の場所としての医療機関

　場面緘黙児にとって医療機関は、家庭と学校との間に位置付く中間地点として機能することが期待される。わが国における場面緘黙児を対象とした 36 編の個別事例研究を文献的に検討した鈴木・五十嵐（2016）は、第三者機関の効果を認め「家庭以外で安心できる第三の場」となると述べている。また場面緘黙の解消に向けて段階的なアプローチを行なうためには、家庭・学校を含めた三者が連携することの必要性を指摘している。

　「人」「場所」「活動」（第 4 章「Ⅲ　話せる場面を広げる方法」参照）という視点から医療機関を捉えると、図 3-1 のようになる。「人」については、教師やクラス集団ではなく医師や心理士との個別の関わりであること、「場所」については、教室ではなく診察室やカウンセリングルームであること、「活動」につい

図 3-1　家庭と学校の間にある医療機関

ては、個別の会話や遊びやカウンセリングを行なうこと、といった特徴がそれぞれ発話を促進しやすい条件となっていると考えられる。

●医療機関におけるアセスメント

　医療機関で心理士や ST（言語聴覚士）に発話の表出があれば、アセスメントが行ないやすい。保護者では気付けない問題についても、専門的な視点から発見することが可能である。十分な音声言語によるコミュニケーションができる場合は、知能検査などの心理検査を実施することもできる。また、話せなくなってしまうことや話すことについての本人自身の思いを聴き取ることも、医療機関におけるアセスメントの重要な役割である。

●介入における連携の必要性

　医療機関での介入によって派生的に学校でも話せるようになるケースもあるが、効果がカウンセリングルーム内に留まる場合も少なくない。学齢期の場面緘黙の主要な問題は、「**学校で話せないこと**」である。医療機関での介入の成果を学校の中でも取り入れることで、学校で生じている問題を学校で改善しなければならない。

　連携の仕方としては、支援計画の内容によってさまざまなものが考えられるが、具体的には以下のような例が挙げられる。

　①カウンセリングで取り組んだことを学校の中で実践する（発声・発話、リラクゼーション、認知行動療法など）

②学校で課題となっていることにカウンセリングで取り組む（音読や発表の練習など）
③カウンセリングの成果を学校において継続的に評価する（不安や緊張度、発話状況など）

●不安障害の治療

　社交不安障害などの不安障害は、医療機関での治療が必要となる。不安障害の治療としてエビデンスが確立されているのは認知行動療法であり、特に効果が高いのは「エクスポージャー（暴露）」である。エクスポージャーは不安や恐怖を感じる経験をあえて行なうという方法であり、その人が生活している場での実践を行なう。例えば「見られている」「悪口を言われている」という感覚が強くて教室に入れなくなってしまっている場合、教室でのエクスポージャーを行なうことがある。エクスポージャーは弱い刺激から段階的に行なう必要があるため、適切な環境を作るには学校との連携が不可欠である。

（2）具体的な連携の方法

　情報の共有は保護者の同意を得て行なうことが必須である。情報のやりとりも保護者を介して行なうケースが多い。医療機関側の窓口として、医療機関によっては医療ソーシャルワーカー（MSW）が配置されているところもある。MSWは保健医療分野におけるソーシャルワーカーであり、患者や家族に対して社会福祉の立場から心理・社会的問題の解決や調整を援助する専門職である。「地域連携室」「医療相談室」などと呼ばれるところに所属している。

●文書による情報共有

　外部の関係機関との情報共有に際しては「個別の指導計画」「個別の教育支援計画」の活用が有効である。また場面緘黙の症状に関して、発話が可能な「人」「場所」「活動」、および学校での表情や身体の緊張などは、医療機関側は保護者からの聴き取りでは限界があるため、学校から詳細に伝える必要がある。学校で困っていることや、できるようになってほしいこと、目標となりそうなことが伝わると、医療機関側では計画が立てやすくなる。その他学校生活に関わる情報として、友人関係や学校行事（運動会や音楽会がいつあるのか）、時

間割なども伝えておくとよいだろう。

　また、日々の学校生活の出来事も、緘黙状態や意欲などに影響を及ぼすことが少なくない。連絡ノートなどを作成し、家庭・学校・医療機関の三者間で日々の情報共有を確実に行なうとよい。

●受診やカウンセリングへの付き添い

　保護者・本人と医療機関側の許可があれば、受診やカウンセリングの際に教師が保護者や対象児童・生徒に付き添うこともできる。事前に時間や訪問目的などを明確にし、医療機関側に伝えておけば、限られた時間での有意義な情報交換ができる可能性がある。

●支援会議への参加要請

　支援会議への参加要請をする際には、限られた支援会議の時間を効果的に活用できるよう、校内関係者での事前の打ち合わせを行なっておく。支援会議では、情報共有だけでなく、具体的な支援計画の作成や役割分担まで検討することが大切である。「だれが、何を、いつ」するのかを明確にしておけば、達成状況の振り返りと計画の修正が効果的にできる。場面緘黙の状態は短い期間でも変化することがあるため、その後の情報交換を容易にするための手続きを明確にしておくとよい。

（3）連携の促進

　連携の重要性については学校側も医療機関側も認識しているが、実際に連携しようとしてもうまくいかないことがある。この理由として小澤（2014）は、教育と医療の連携がシステムとして組み込まれていないことを挙げている。両者にはそもそも連携のためのシステムが存在しないため、連携する際にはその必要性や実施方法の判断は学校単位や教師個人に委ねられることになるという。また、医療には厳しい個人情報の壁があることや、両者とも連携に要する時間や報酬が保障されていないことも、連携を阻む要因となる。

●インフォーマルな関係の構築

　連携のためのシステムが存在しない中で、個々の児童・生徒の実態やニーズに応じた連携を実質的に進めるためには、学校と医療機関とのインフォーマル

な関係の構築が求められる。普段から学校関係者が頼るべき医師がいることや、医療機関の側も形式的な連携に留まらずに日常的に学校の抱える心理・医療領域の問題を把握することができている、というような関係を普段から形成しておくことが、個々の問題への効果的な介入に結びつく。校内研修や、学外の関係者も参加する事例検討会、日常的な学校の教育実践の地域への公開などを通じて、普段から同じ立場で話しあえる関係を築いておけるとよい。

またこのような機会は、学校側が主導して行なうという意識でいないと進みづらい。地域の医療・福祉機関にとって、学校との連携を進めるのは容易ではない。地域に開かれた学校を謳っていても、部外者による訪問や見学に消極的な学校は多いだろう。関係機関との連携は、日常的な学校づくりから考える問題であると言える。

V 地域の資源の活用

(1) 地域の資源の活用の考え方

本来の力を発揮できるようになるためには、できないことに注目するよりも、「できること」を広げていくことが大切である。「人」「場所」「活動」の組み合わせと考えれば、連携先が増えるほど組み合わせは増加すると言える。地

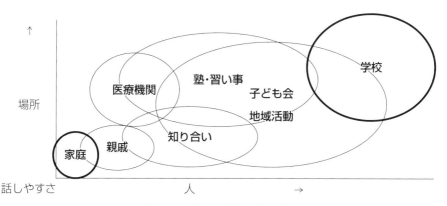

図 3-2 地域の資源の概念図

域の資源の活用は、可能性を広げることにつながる（第4章「Ⅲ　話せる場面を広げる方法」参照）。

　図3-2は家庭と学校、およびそれ以外の地域の資源の関係について、概念的に示したものである。横軸は「人の話しやすさ」（人数・集団の規模や相手など）、縦軸は「場所の話しやすさ」（部屋の環境など）を示している。もちろんこれらは千差万別であるし、何より本人自身の受け止め方によって大きく左右されるため、厳密な難易度を示しているのではない。

（2）地域の資源

　前項で解説した医療機関も資源の1つである。医療機関は少人数での関わりが多く、場所についても学校よりは安心しやすい環境であることが多い。ただし医療機関はいつでも好きなときに使えるわけではなく、利用に際しての制約が多い。地域の資源として活用しやすいのは、親戚や家族の知り合い、塾や習い事、子ども会や自治会などの地域活動である。

●親戚・家族の知り合い

　時間の制約が少なく、個別に関わることができる。対象児童・生徒と良好な関係の相手であれば、話す場所や相手を広げるためのステップに位置付けやすい。また相手との関係性によっては、多少無理のある内容（「毎日夕方家に遊びにきてほしい」など）でも依頼することができる点が強みである。

●塾や習い事

　本人の興味・関心や得意分野、活動内容、集団の大きさなど、ニーズに応じたものを、本人・家族側の意志で選択することができる。特に「相手を選ぶことができる」というのは、家族や友人関係も含めて他の資源にはない特徴である。その人が話せる相手かどうかは、関わり方の上手・下手や性格、立場などでも変わってくるが、「相性」の影響も大きい。コミュニケーションのスキルが高く傾聴が上手な心理士であっても、その子にとっての相性が悪ければ話すことはできないだろう。

　どのような塾や習い事がよいのかは一概には言えないが、興味・関心にあっていることと、融通が利きやすいことは重要な要件である。塾や習い事は本来

話す練習をするところではないが、個人で経営していたりすると指導者の協力が得られることがある。このような場合、指導者側もどのように接したらよいか判断に困るので、依頼に際してはことばかけの仕方や配慮はなるべく具体的に伝えるとよい。

　習い事によっては、英会話や歌などそもそも声を出すことが前提の内容であったり、「声を出して挨拶しなければならない」という約束事が存在することもある（武道など）。このような習い事でも、「強制的に声をだすきっかけが必要」という場合は、選択肢になるかもしれない。もちろん本人の興味・関心にあっていることが大前提である。

● 子ども会や自治会などの地域活動

　塾や習い事よりも、構成員や場所、環境が学校に近いことが多い。限られた相手とはある程度会話が可能であり、「人」や「場所」を広げて学校で話すことに近づけていきたい場合のステップとして位置付けることができる。

　これらの地域活動をステップとして活用する場合、関わる大人が多いことには注意を要する。子ども会であれば子どもの数と同数の大人が関わると考えてよい。学校の活動の延長のような姿勢で参加している大人にとっては、学校と同じように社会のルールをしっかり身に付けることの優先順位が高くなる。そうすると、中には「ちゃんと声を出しなさい」「挨拶をしなさい」というように発話を強制してしまう大人がいるかもしれない。他所の子をちゃんと叱れる大人の存在は大切だが、場面緘黙児については異なる問題として捉えてもらう必要がある。従って活動に関わるすべての大人に対して、場面緘黙やその子の状態について一通りの説明しておくのがよいだろう。

第4章

具体的な介入方法

I　場面緘黙が「治る」とはどういうことか

（1）話せるようになることがゴールか

　場面緘黙が「治る」とは、「話せるようになる」ことだろうか。第1章では場面緘黙の理解に関して、話すことだけの問題ではなく、本来の力を発揮することの抑制と捉えた方がよいという点を指摘した。介入にあたっても、話せるようになることだけでなく、もっている力をさまざまな場面で発揮できるようにすることを目指すべきである。

　ICFの視点で捉えると理解しやすい。場面緘黙児の話す以外の問題として、表情や身振り、その他の非言語的なコミュニケーションの表出ができないことが挙げられる。またご飯を食べる、トイレに行く、といった動作も困難な子もいるし、学校に行けなくなってしまっている子もいる。このような「〜する」という行為はICFでは「活動」に分類される。場面緘黙児は活動の制限だけでなく、「社会における役割を果たす」（子どもらしく過ごす、家事や働くことを通じた社会参加など）といった「参加」の制約もある。話すことに留まらず、活動や参加を促進することが大切である。

（2）「社会モデル」の視点

　「治る」というのは、何か病気があって、それが改善するというような意味で一般的には使われる。この場合、治るべき病気はその人の中にあって、その病気がなくなるなり軽減するなりすることで問題が改善する、というように捉えることができる。

確かに問題が個人内だけのものであれば、訓練やカウンセリングによって改善するかもしれない。しかしわれわれは社会の中で生活をしており、他人と無関係でいることはできない。
　例えば友人関係の問題はどうだろうか。学校で声や表情が出せず、話しかけられても返事ができなければ、関わってくる子は少なくなってしまうだろう。友だちがクラスにいない状態だと、話す機会そのものが減ってしまう。さらに、場面緘黙状態では新たに友だちをつくることも難しいかもしれない。結果として、友人関係の問題は悪循環をしながら緘黙状態を維持させることにつながる可能性もある。このような悪循環の改善を目指すには、「社会モデル」の視点も踏まえた総合的なアプローチが不可欠になる。

(3) どこまでいったら「治った」ことになるのか

　学校で話せないといってもさまざまな程度や状態があることも第1章で指摘した。友だちを家に呼ぶと話せるとか、必要な場面では小さい声を出せる子もいる。何人かの友だちと話せていて、先生に対しても聞かれれば必要なことだけは答えられる、というように、「これも場面緘黙と呼ぶのだろうか？」というケースもある。
　しかし、場面緘黙が治る過程では、このような状態を経ることは珍しくない。これまでの経過を踏まえれば、保護者にとってこの子はまだ「場面緘黙状態」だと捉えてもよいだろう。
　場面緘黙の状態像に連続性があるとすれば、どうなったら治ったと言えるのだろうか。クラスの児童全員と話ができることだろうか。しかし、誰でも苦手な相手や合わない人はいるし、必ずしもクラスの全員と話せなくてもよいだろう。では、同性とはほとんど話せるが異性とは話せなかったとしたら、それはまだ治っていないと見なすのだろうか。このように考えると、実は「治る」というのは明確に線が引きづらい問題であることがわかる。

(4)「その人らしさ」を大切に

　場面緘黙児の多くは「家ではよく話す」と言われているが、中にはそうでは

ない子たちもいる。家でよく話している場面緘黙児が学校でも同じように話せるようになった、というのは治り方としてわかりやすい。しかし、もともと家でも無口なら、学校でペラペラ話すようにはならないだろう。

　自閉症スペクトラム（ASD）があり、人との関わりをあまり積極的に求めない場合を考えてみるとよくわかると思う。ASDそのものを治して、誰とでも話せるようになるのを目指すことがゴールになるだろうか。むしろこの場合の（場面緘黙の治療に関しての）ゴールは、「誰とでも話せるようになること」ではなく、「さまざまな場面で『その人らしさ』を発揮できるようになること」ではないだろうか。

　この場合もやはり、「医学モデル」として治すことを考えるだけでなく、「社会モデル」の視点から活動や参加を促進することが大切であると言える。

（5）場面緘黙を治すことは「その人らしさ」を否定するか

　「その人らしさ」を大切にするというのは、今のままのその人を認めることとも言える。そうすると、場面緘黙を治すということと、今の「その人らしさ」を認めることとの間には、矛盾が存在しないだろうか。

　しかし筆者はそうは考えていない。筆者は「家ではよく話すのに学校では話せない」という場面緘黙状態は、「本来の力を発揮することの抑制」だと捉えている。このときに必要な視点は、「できないことをできるようにする」ではなく「家でできていることを学校でもできるようにする」ということである。「外では本当の自分が出せない」よりも、「その人らしさ」「その子らしさ」をどんな場面でも発揮できることの方が、素敵なことではないだろうか。

　だから、話せるようになることだけがゴールではない。無口でいたい人は無口のまま、その人らしい働き方や生き方によって、参加を促進していけばよいのである。

Ⅱ　話すように促してよいのか？

（1）問題の解決に向けて
　十分な力を発揮できるためには、学校やクラスが安心・安全が保障されている環境であることは非常に重要である（第2章参照）。学校生活では音読など声を出すことが要求される場面があるが、場面緘黙児に対しては本人の意思に反して話すことを強制してはいけない。
　しかし、いつまでも「話さなくていいよ」という姿勢では問題が解決しないかもしれない。もし本人の中に「本当は話せるようになりたい」という思いがあれば、それに応えることが大切である。場面緘黙は「話したいのに話せない」という矛盾した状態であるので、その矛盾を本人とともに解決することが求められる。目標に向けて、できることを増やしていったり、少し難しそうだけどできそうなことに挑戦することも、時には必要である。

（2）必ずしも不安で話せないわけではない
　人の心や行動は生まれつき決まっているのではなく、その人の育ちの過程で、さまざまな経験を通じて形づくられるものである。場面緘黙状態の発現や維持には多様な要因が関わっており、不安だけが場面緘黙の決定的な原因だというわけではない（第1章参照）。
　中学生の場合を考えてみよう。場面緘黙が発症した当初、保育園入園時に話せなくなってしまったときは不安の強さが決定的な原因だったかもしれない。しかし幼児期から児童期の子どもの発達は著しい。今目の前にいるその生徒が、同じように不安で固まってしまっている状態だとは限らない。
　むしろ、これまで話さないで過ごしてきてしまったことや、そのことに対する周囲の「話さない子」という見方が場面緘黙を持続させている可能性がある。もしかしたら「話さなくても困らない」という環境が場面緘黙状態を維持させているのかもしれない。もしそうだとしたら、「話さなくていいよ」ではなく「がんばって話してみよう」というアプローチの方が必要なのではないだろうか。

（3）話すように促してよいとき

　話すように促してよいかどうかは、十分なアセスメントに基づいた上で判断しなければならない。このタイミングを誤れば、どうしても話せない子に話すことを強いることにもなりかねない。話すように促してもよい状態であるかを判断するための条件を以下に挙げた（**表4-1**）。

● 話す力がある（家庭ではよく話している）

　話す力や人と関わる力があるか。家でも無口であったり、親ともほとんど話さないとしたら、学校で話すように促しても効果が期待できない。ただし例外的に、家庭の方が緘黙症状が重い場合もある。

● 本人が話したいと思っている

　本人への直接的介入を始めるにあたって、本人自身の「話したい」という気持ちは不可欠の要素である。本人が話したいと思っていなければ話せるようにはならないし、むしろ悪い影響を与えてしまう可能性もある。

● 過度の不安や緊張がない

　場面緘黙状態となった当初は不安や緊張が強かったとしても、それは徐々に低減する可能性がある。その子が現在の場面緘黙状態になっていることの主な背景が不安や緊張ではなければ、適切な介入によって話せる相手や場所を広げられることが期待できる。

● 計画的に練習を行なえる環境が整っている

　ここにはさまざまな要素が含まれる（友人関係、学校内の協力、家庭の事情、地域の資源など）。もし十分な環境が整っていなかったとしたら、「環境が整っていないから行なわない」ではなく、計画的な介入が可能になるように条件を整え

表4-1　話すように促してもよい条件

□　話す力がある（家庭ではよく話している）
□　本人が話したいと思っている
□　過度の不安や緊張がない
□　計画的に練習を行なえる環境が整っている

る必要がある。

（4）本人は自分の緘黙状態に気付いているか

　話すように促すにあたって、保護者や教師には「そもそもこの話題に触れてよいのだろうか？」という戸惑いがあるかもしれない。しかし、本人自身からこの問題を他者に相談するのは容易なことではないだろう。少なくとも小学校高学年以上であれば、保護者や信頼関係が形成された支援者が本人と話し合うべきである。

　場面緘黙児はいつ頃から自分の緘黙状態に気付いているのだろうか。自分自身の話し方に自覚的な意識を向ける力は、4歳から5、6歳にかけて著しく発達することが知られている。伊藤ら（1995他）の一連の研究では、幼児に構音の誤りなどを含むさまざまな音声刺激を聞かせ、誤りを自覚的に捉えることができているかを検討した。その結果、例えば「スイカ」の絵を呈示して「シュイカ」（構音の誤りを含む音声刺激）と聞かせたところ、「おかしい」という反応を示したのは4歳では25%に過ぎなかったが、5歳では75%、6歳では100%に達したという。この傾向は構音の誤りだけでなく、「ススイカ」のような発話の非流暢性（音節の繰り返し）やアクセントの違い、さらに「赤いの花」のような文法的な誤り（正しくは「赤い花」）についても同様であったという。

　話し方ではなく、緘黙状態（「話したいのに話せない」「話す必要があるのに話せない」）に対する認知の発達についても、幼児を対象にした筆者らの調査では近い傾向が得られている。従って年中児から年長児ではすでに、自分自身の緘黙状態に気付いていると考えられる。筆者の経験でも、年中児（4、5歳）で話せないことの悩みを保護者に話す幼児は少なくない。

　6歳の場面緘黙児が書いた作文を、本人の許可を得てほぼ原文そのまま掲載した。6歳であっても自分自身の緘黙状態に対する意識が非常に明確であることがわかるだろう。

6歳（小学1年生）の場面緘黙児童の作文

「わたしとかんもく」1ねん　〇〇〇〇〇

　わたしは、4がつからしょうがくせいになりました。しょうがっこうは、べんきょうをしたりほうかにあそんだりするから、いかなきゃいけないとおもいます。

　がっこうは、おかあさんといっしょにいっています。ひとりでがっこうにいくのはドキドキするし、はずかしいです。

　もし、ひとりでがっこうにいったら、しんぞうがドキドキして、かたまってしまって、なにもできなくなってしまうとおもいます。

　げたばこでくつをかえてろうかをあるくとき、「〇〇〇ちゃんだ」といわれるのが、とてもいやです。ドキドキするので、おかあさんとてをつなぎます。

　きょうしつははずかしいけど、おかあさんがいるからいけます。せんせいが、いちばんはしのうしろのせきにしてくれたので、よかったです。げんきのいいおとこのこに、しゃべりかけられたり、おんなのこたちが、つくえのまわりにきたりするのがいやです。

　たもくてきルームはだいじょうぶです。たもくてきルームできゅうしょくをたべたり、ほうかにともだちとぬりえをしたりします。

　さいしょは、こどもえんでなかよしだったともだちしかだめだったけど、すこしずつあたらしいともだちがふえても、だいじょうぶになりました。にんずうがおおすぎるとはずかしいけど、ともだちとあそぶのはたのしいです。

　でも、ときどき、〇〇〇せんせいがはなのみずやりにはいってくると、はずかしくなります。

　あたらしいともだちもふえました。おうちでは、かくれんぼやえあわせゲームをしたり、ほっぺちゃんであそんだりします。ふつうにあそべるともだちができて、よかったなとおもいます。

　がっこうではずかしいことは、うたったりおどったりすること。こくごのほんよみも、はずかしいです。たいいくではしるのも、にがてです。きょうそうはにがてです。

　きゅうしょくも、はずかしいです。みんなもいるし、きらいなものをのこすのをみられるのもはずかしいからです。

> 　なかよしグループは、いちばんなかよしのともだちがいっしょです。せんせいが、いくきょうしつを1ねん4組にしてくれたので、だいじょうぶです。しらないこがたくさんいてはずかしいし、ゲームもみているだけだけど、おかあさんといっしょにみているのが、たのしいです。
> 　わたしは、ばめんかんもくです。
> 　はずかしいです。しんぞうがドキドキします。あしがガクガクします。しゃべれなくなります。かたまってうごけなくなります。
> 　ほんとうは、なくしたいとおもうけど、できるかわかりません。
> 　「じかんはかかるとおもうけど、ちょっとずつやっていけば、きっとよくなるよ」と、おにいちゃんがいいました。

　もちろん気付いているからといって、そのことを本人と話し合ってよいとは限らない。その子の発達段階や支援ニーズ、緘黙状態の程度などさまざまな要素を総合的に検討して行なわなければならないし、なにより本人と信頼関係が形成されていることが不可欠である。

Ⅲ　話せる場面を広げる方法

（1）日常生活の場面の対応関係

　「学校で話せるようになる」というのは、話す力を獲得させることではない。場面緘黙児はすでに話す力があるが、その力を発揮できる場面が限られているのである。だから場面緘黙児にとって学校で話せるようになるというのは、「家でなら話せる状態」から「学校でも話せる状態」への変化であると捉えることができる。

　学校で話せるようになるには、その子が話せる場面を少しずつ拡大させる必要がある。しかし、日常生活におけるそれぞれの場面は「非連続的」だから、「少しずつ」が難しい。なぜかと言うと、場面を構成する要素はある程度の対応関係にあるためである（**図4-1**）。家で会うのは家族であり、担任教師とは学校でしか会わない。そして、日常生活の中ではこの組み合わせが替わることは

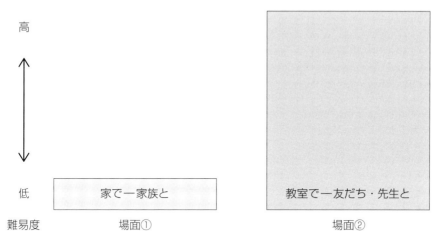

図4-1　日常生活の2つの場面

起こりづらい（家で休日に担任に会うことはあり得ないだろう）。「学校で先生／友だちとは話せない」のは、このような対応関係も影響している。

（2）組み合わせを替える

　このような対応関係にある生活の中で「話せる場面を少しずつ拡大させる」にはどうしたらよいだろうか。「家で夕方や休日に家族（両親や兄弟姉妹）と会話をする」を難易度0、「教室で休み時間に先生（または友だち）と会話をする」を難易度100として考えてみよう。難易度0のものができて難易度100のものができないとしたらどうするだろう。難易度10や難易度50などのものに挑戦するというのが常識的な発想である。そこでこれらの要素の中で入れ替え可能なものを意図的に入れ替えることで、話すことへの負荷が高すぎない、中間の状況を作り出すことになる。

　場面を構成する要素についてMcHolmら（2005）は、「人（その場面にいる人々）」「場所（物理的な場所や状況）」「活動（その時に行なわれている活動）」の3つに整理している。話せる場面を広げるためには、この3つの要素の組み合わせを替え、話すことができる場面を作らなければならない。

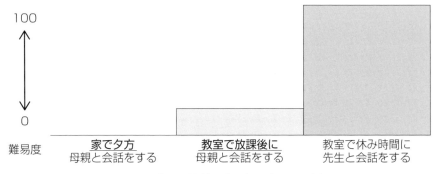

図 4-2　実現可能性の高い組み合わせの例

　難易度 100 の「教室で休み時間に先生と会話をする」の中からいくつかの要素を入れ替え、教室やその他の学校内で話せる状況を考えてみよう。例えば「教室で」の部分は残し、相手を「母親」に替える。母親が相手の場合、「休み時間」に話すことは考えづらいから、「放課後」にする。「教室で放課後に母親と会話をする」になる。先ほどの場面が難易度 100 であれば、この場面はそれよりも難易度が低く実現可能性が高い（図 4-2）。このように、「人」「場所」「活動」を組み合わせることで、どのような場面なら話せそうかという「不安階層表」を作ることができる。

（3）話せる場面を広げるための視点
●話せる「場所」を広げる

　これまで「話せなかった**相手と**話せる」ようになるよりも、話せる相手とこれまで「話せなかった**場所で**話せる」ようになることの方が容易である。場面緘黙児のほとんどは両親となら話すことができるし、兄弟姉妹ともよく話している。家族を相手にして、話せる「場所」を広げるのは現実的な方法である。

　この方法がうまくいけば、その場所が「話せない場所」から「話したことのある場所」に変わる。教室で一度も声が出せていなければ「教室＝話せない場所」だが、母親と話すことができれば教室が「話したことのある場所」になる。場面緘黙状態が長く、教室という場所に対して緘黙状態になってしまって

いる場合、教室で話せたという経験を積むことには大きな意義がある。

　この練習は放課後や休日、長期休み中に行なうことができるが、春休みから新学期が始まる時期に行なうのが特に効果的であろう。学年が上がる前にこれまで入ったことのない教室でこの練習を行なっておけば、新しい教室は話せる場所としてスタートすることができるからである。

　家族と学校で話す練習を行なう場合、本人は「なんでお母さんと放課後学校にくるんだろう？」と思うかもしれない。最もよい方法は、本人に目的をしっかり説明しておくことである。本人に嘘の理由を説明しても継続的な取り組みにつながりづらい。

　どの場所で話す練習に取り組むかについても本人の希望を聞くとよいだろう。学校内には相談室や図書室などさまざまな場所が存在するが、どこなら声を出せそうかは人によって異なる。

●話せる「人」を広げる

　場所と比較して、話せる「人」を広げる方が難しい。話せる「人」を広げるには、すでに安心して話すことができている場所で行なう必要がある。初期の段階では家が最適だろう。

　しかし、担任教師が家庭訪問するのは必ずしも有効とは言えない。本人との関係性によっては、「安全であるはずの家にまで担任がきた……」ということにもなりかねない。また先生が毎週家にくるのは継続性にも難があり、現実的ではないだろう。家にくることで話せるようになりそうな相手としては、「友だち」が考えられる。仲はよいがまだ話せない、という友だちがいたとすれば、家で遊ぶのは試してみる価値がある。

　担任に対して声が出せるようにするには、より詳細なアセスメントに基づいて声の出せそうな場面を設定する必要がある。話せる相手を広げるには、すでに話せる相手と話している場面に「新しい人」が入るやり方と、その子と「新しい人」との２人になる状況を作るやり方とがある。前者の場合、新しい人が入ると話せなくなる状態から、コソコソ声が出せる（話しているところを見られる、声を聞かれる）という状態を経て、新しい人と話せるようになる（質問に答えるなど）ことが多いようである。

後者の場合は、「人」以外の「場所」と「活動」の要素を、なるべく負荷の少ないものにしなければならない。場所に関しては、誰も近くを通らないところにある個室がよいだろう。活動に関しては、その子との関係性にもよるが、次に述べる音読の練習のように、ある程度することが決まっているものの方が安心して取り組めるかもしれない。また初めから話すことを要求せず、筆談や身振りなどのコミュニケーションが十分できるようになることを目指した方がよい場合もある。

●話せる「活動」を広げる

　「活動」には話すことだけでなく、遊ぶ、移動する、勉強するといった内容が含まれる。教室で自分の席に座っているときよりも、体を動かしていたりリラックスして遊んでいたりする方が声は出しやすい。

　また話す方法も「会話」だけではない。自分の話したいことを自由に話してよいという状況は、話すことが苦手な子たちにとっては意外と難しい。音読や台詞のように、すでに決まっていることばを声に出す方が負荷は低い。話す練習をするとしても何を話したらよいかわからないという場合は、教室で教科書の音読に挑戦してみることもできる（**表4-2**）。

　声を出すきっかけとしては、発声を伴う遊びや活動がうまくいくことがある。筆者は相談にきた場面緘黙児とUNOをすることがあるが、変える色を指定したり「ウノ」と言う場面で、その子の最初の一言が聞けることがある。その他、筆者の経験や相談にきている子たちの例では、色鬼、ドンジャラ、人生ゲーム、絵しりとり、なぞなぞ、外遊び（スタンプラリーのような野外活動）、などがあった。また声を出す以外に、非言語的な方法でコミュニケーションをするところから始めることもできる（詳細は「Ⅵ　コミュニケーションをとる方法」参照）。

●クラスで声を出すことに挑戦する

　「人」「場所」「活動」の階段は必ずしもスモールステップでなければならないわけではない。その子自身の意思や、場面緘黙の状態、クラスの環境などによっては、少しハードルの高い課題に挑戦することもできる。例えば、普段の学習活動の中では音読や日直、係活動などで声を出すことに挑戦するという

表 4-2 「話す」活動

場面	内容
普段の学校生活	□会話
	□挨拶
	□日直の台詞
	□係活動の台詞
	□部活動で必要なことばや発声
授業など	□教科書の音読
	□詩の音読や朗読、暗唱
	□九九の暗唱
	□英語の発音練習、スピーチや会話練習
	□歌
学校生活のイベント	□自己紹介
	□劇の台詞
	□学習発表会などの発表練習
	□音楽会などの練習
	□卒業式などのスピーチ
	□入試などの面接
対人関係（ソーシャルスキル）	□聞かれたことに答える、断る
	□話しかける、お願いをする
	□遊ぶ約束をする　など

ケースがある。また学習発表会での発表や学芸会の台詞、卒業式でのスピーチのように、学校生活の中での機会は非常に稀であるが、人生の大イベントとして「話したい」という気持ちが高まりやすいものもある。

　このような課題に取り組む際にも、「人」「場所」「活動」の組み合わせを意識して、可能な限り負荷の少ない場面を設定することが求められる。

　なお、場面緘黙児に対するエクスポージャーなどの行動療法による介入については『先生とできる場面緘黙の子どもの支援』（クリストファー・A・カーニー, 学苑社, 2015）に詳しく解説されている。不安階層表の作り方なども説明されているので、併せて読むことをお勧めする。

IV　タイプ別の介入方法

くり返し述べてきたように、場面緘黙と言っても千差万別である。介入に際して、いくつかの共通する原則はあるにしても、具体的な介入方法については個々に検討しなければならない。

しかし、状態像や支援ニーズにはある程度の共通性が存在する。下記の分類ではすべての場面緘黙児を網羅することはできないが、支援計画の大まかな方向性を検討するための手がかりとなる（**表 4-3**）。

（1）話したい気持ちがある

●強い不安・緊張がある

典型的な場面緘黙の状態の1つ。話したい気持ちがあり話す練習に取り組む意思が確認できれば、介入が行ないやすい。本人の意思がなく介入しようとすると、失敗経験となり悪い影響があることも懸念される。

表 4-3　場面緘黙のさまざまなタイプ

（1）話したい気持ちがある	□強い不安・緊張がある
	□周りが「話さない子」と思っている
	□話す相手がいない
	□ことばの問題がある
（2）話したい気持ちが少ない	□話さなくても困らない
	□話す意欲が低下している
（3）自閉症スペクトラムがある	□他者への関心が薄い・関わりをもちたがらない
	□言語能力やコミュニケーションスキルが低い
（4）知的障害がある	□知的能力と環境とが合っていない
	□話さなくても困らない
（5）教室に入れない・学校に行けない	□場面緘黙が原因になっている
	□両者の背景に共通する問題が存在する

【対応】 不安や緊張は状況によって異なる。100%大丈夫な状況も100%ダメな状況もあるし、その中間もある。このタイプの場面緘黙児は、話せそうな（不安の少ない）場面をアセスメントし、話す経験を積むことで、話せる場面を広げることを目指す。

具体的には、本人と一緒に「人」「場所」「活動」を組み合わせて、不安や緊張を感じやすい場面とそうでない場面をアセスメントしてみるとよい。不安階層表を作成し、もっとも不安や緊張を感じない場面がわかれば、そこでは声を出すことができるかもしれない。

●周りが「話さない子」と思っている

これまで「話さない子」として過ごしてきてしまった経験や、クラスの児童・生徒からの「話さない子」という認識によって、場面緘黙の状態が持続してしまっている。家族以外でも、これまでの自分を知らない相手なら話せるという子もいる。話したい気持ちがあり、話す練習に取り組む意思が確認できれば、介入が行ないやすい。

【対応】 本人と相談した上で「きっかけ」（少人数から音読に取り組む、発表の機会を設けるなど）をつくる。その際、「人」「場所」「活動」を組み合わせて話せそうな場面をアセスメントするのは、同じである。すでに話せる友だちがいれば、その子にも協力してもらい、話せる場所や相手を広げることができる。

不安が強くなければ、本人ができそうならスモールステップではなく高い目標に挑戦することもできる（学習発表会での発表、録音した音声や動画の再生など）。クラス替えや進学といった環境の変化をきっかけとして活用することもできる（「Ⅶ 環境の変化を活かした介入方法」参照）。

本人が声を出したときに「話した話した」などと周りの児童・生徒が言ってしまうことで、余計話せなくなってしまうというケースもある。このような場合には、本人だけでなくクラスの児童・生徒への介入も必要に応じて実施する（第2章「Ⅱ クラスの環境づくり」も参照）。

●話す相手がいない

　環境因子の影響という点では「話さない子」と思われているタイプと同じだが、緘黙状態であることによって友だちができにくい、という悪循環になっている可能性がある。話す相手がいないことが主たる要因であれば、教師に対しては必要に応じて返事ややりとりができるかもしれない。

> 【対応】　話す相手ができることと、クラス内で声を出す場面を作ることを目指す。前者については、小学校低学年なら関係も流動的なので、相性がよさそうな子と一緒に過ごしたり活動したりする経験があると、友人関係に発展することもある（同じ班、隣の席にするなど）。また修学旅行のように比較的長い時間の小集団活動を通じて、話せる相手ができることもある。しかし児童・生徒間の関係は教師から介入しづらく、大人の指示で友だち同士にさせることはできないため、このアプローチには限界がある。
> 　中学生・高校生など、年齢が高くなれば誰とでも仲良くなるということはなくなる。友だちになるのは、趣味が合っていたり共通の話題があったりする相手だろう。そういう相手が学校内で見つからなさそうなら、学校外のサークルなどに参加して、気の合う仲間を探してみるのがよい。
> 　後者については限られた場面で声が出せそうなら、授業などで声を出せる場面を増やすことで、クラスの児童・生徒に「話せる子」として認知してもらうことを目指す方が取り組みやすい（音読、日直、発表など）。児童・生徒同士での会話についても、授業などの中で「会話の必要性」のある場面を設けることができる（授業で少人数で共同作業をする機会を作る、委員会やクラブ活動などの活動の中でコミュニケーションをとる機会を作るなど）。

●ことばの問題がある

　言語能力の低さや言語障害がある。言語能力が低い場合、文を作ったり臨機応変に話したりするのが苦手なため、「どう話したらよいかわからない」「友だちを誘えない」「話のペースについていけない」といった状態になる。吃音などの言語障害がある場合は、そのことが発話の抑制につながっている可能性がある。

【対応】　言語能力や言語障害の問題が顕著な場合、方法を工夫することでコミュニケーションがとれる可能性がある。文を組み立てる力が弱いとか、即時的な反応が苦手な子であれば、教師と1対1の場面で、「話す内容を頭の中でまとめる時間をとる」「話す内容をメモさせる」「時間をとってゆっくり会話する」といった方法が有効かもしれない。また吃音などの明確な言語障害が背景にある場合は、筆談のような「話しことば」以外の方法が有効なことがある（コミュニケーションのとり方については「Ⅵ　コミュニケーションをとる方法」参照）。

　会話や自分で考えて話すことよりも、教科書の音読や台詞のように書かれたものや決まっていることを声に出す方が、言語能力への負荷は低い。話す練習に取り組むなら、会話よりも音読や定型文の短いフレーズがよいだろう。これらのことばが教師と1対1などの状況で言えるようであれば、「班の中で」「クラスの中で」「クラスで前に出て」のように状況を変え、相手や場所を広げることができる。また、一般的には場面緘黙はソーシャルスキルの問題ではないが、SSTによって誘い方や返事の仕方のような決まったフレーズを使えるようにすることが有効なケースもある。

　構音障害や構音の未熟さがある場合は、ことばの教室や病院のSTでの治療で改善することができる。個別の臨床場面では声が出せず治療が成立しないケースでは、保護者に練習方法を伝えれば、家である程度練習できる場合もある。構音障害は比較的容易に改善できるものもあるので、上手に構音できるようになれば、本人の自信につながるだろう。

> **事例**
>
> 　中学3年生のHは、もう場面緘黙とは呼ばないかもしれない。声は小さいが筆者と普通に会話ができるし、初めて会う人とも話せる。学校でも、担任や何人かのクラスメイトなど、話せる相手がいる。
>
> 　筆者とHとの付き合いは長い。初めて会ったのは小学3年生のときで、その頃のHはとても緊張しやすかった。Hの表情が堂々としてきたのは、中学校に入った頃だったと思う。中学校の入学式で、自己紹介を自分でできたという話を母親から聞いたのをよく覚えている。
>
> 　話せるようになったHが今でも筆者のところに相談に通って来ているのにはいくつか理由がある。1つには、Hには聴覚障害やそれに付随することばの問題があるからだ。場面緘黙ではなく、別のコミュニケーションの問題があるということである。もう1つの大きな理由は、Hが高校受験を控えていることだ。
>
> 　Hのこれまでは、決して順調ではなかった。中学1年生の終わりにはクラスでいじめに会い、そのことで2年生のほとんどは教室に入ることができなかった。このことは、聴覚障害があることも影響し、かなりの学習面での遅れにつながった。それだけでなく、もともと人に対する恐怖心が強かったHは、さらに人との関わりが苦手になった。
>
> 　そんなHが変わったのは、高校受験が近づいてきた頃だろう。Hには行きたい高校があった。しかし進路の先生は、「あそこの高校は話せないと受け容れてもらえない」と言うのだ。もちろんそんなことはないはずだから、もしかしたらHを奮起させるために進路の先生はそう言ったのかもしれない。だが、いずれにしてもHは変わった。
>
> 　Hは今、筆者のところで高校受験の面接に向けた練習をしている。相手に聴きとれる大きさの声を出すことと、構音の改善が主なねらいだ。H自身もサ行の音が出しにくいことを自覚している。がんばれH。

（2）話したい気持ちが少ない

● 話さなくても困らない

　環境によって話せなくなっているタイプの1つだが、本人の話したい気持ちが高くないことが特徴。周りの子がよく理解して支援してくれるなど、居心地

のよい環境になっていることから、話さなくても困らない状態になっている。本人が現状のままでよいと思っていると、何も介入をしない場合そのままの状態でずっといってしまう可能性もある。

【対応】　このような状態の場面緘黙児には、「話したい」という意欲をもってもらうことが介入の第一歩となる。そこで本人にまず、「話す練習をすれば話せるようになること」やそのための具体的な方法を伝え、話すための練習に取り組む意思があるかを確認する。練習に取り組む意思があるようなら、（1）で説明したような方法を用いることができる。

　話すための練習に取り組む意思がない場合、「話せなくても困らない環境」の方に介入することになるが、環境への介入は「無理矢理声を出させる」状態を作ることになりかねない。過剰な負担にならないように、慎重に行なわなければならない。

　「話さなくても困らない」環境は、クラスの児童・生徒の支援や配慮によって本人の話す機会がなくなってしまっていることが多い。状況に応じて、自分のことは自分でさせるという原則を確認したり、どのような時に手助けするかを本人や手伝ってくれる児童・生徒と相談したりするとよい。

　話さなければならない機会を作っても大丈夫そうなら、達成できそうなものに挑戦させてみてもよい（委員会活動の自己紹介、学習発表会の発表など）。これらの課題は、本人の同意なしで行なうものであるため、「これはどうしても避けるわけにはいかないのだから」という必然性の高いものでなければならない。ある児童は「2分の1成人式」でのスピーチで、「友だちの代読はイヤ。本人の声で」という母親の強い希望により、録音した音声を流すことに挑戦した。

　これらのような環境への介入とともに、本人に「話したい」気持ちをもたせるような働きかけが必要になる。具体的には、次の「話す意欲が低下している」で説明する。

> **事例**
>
> 　小学5年生のIは学校が大好きである。1年生の頃から仲のよい友だちが3人おり、毎日楽しく遊んでいる。クラブ活動も一緒だし、5年生のクラス替えでは運良くみんな同じクラスになったこともあり、休み時間もずっと一緒だ。放課後もお互いの家に遊びに行ったりする。
>
> 　Iは学校では声を出すことができない。先生の問いかけにはかすかに首を振って答えるだけで、授業中はもちろん委員会やクラブのときにも声は出せない。学校だけでなく地域の子ども会のときも、話せない。しかし、友だちが家にきたときだけは話すことができる。
>
> 　Iが友だちと話すことができるようになったのは2年生のときだった。それまでは、友だちには身振りや空書で最低限のコミュニケーションをしていた。ある時、最も仲のよかった友だちを家に呼んで、2人で宿題をしていた。宿題をしながら算数の問題の出し合いになり、Iがことばで答えを言ったのだった。友だちは特に驚く様子もなく、それからその友だちとは家でなら会話ができるようになった。その後Iは、3年生が終わる頃までに、さらに2人の友だちに対してことばが出せるようになった。いずれも家に遊びにきていたときだった。
>
> 　母親によると、最初に友だちに声を出したときのIは、初めからそのつもりだったそうである。「今日は○○ちゃんと話す」と言っていたとのことだ。母親は、このようにI自身の意思でことばが出せるようになったのだから、後は自然と学校でも話せるようになるだろうと思っていた。
>
> 　しかし学年が上がり、5年生になっても話せる相手も場所も増えなかった。学校だけでなく、校庭や通学路でも声が出せない。確かにIには、「声を聞かれるんじゃないか」という不安もある。しかし、何しろIは現在の状態で困っていないのだ。もちろん、今のままで全く問題がないとはI自身も思っていないだろう。だが無理をしてまで大変なことに挑戦しようとは思わないのだそうである。
>
> 　母親は、学校で話すことについてIと話したことがある。Iは「中学生になったら話す」と言っていた。母親もそうであってほしいと思う。しかし今のIを見ていると本当にそうなってくれるか心配もあるし、学校で話す練習をするのも嫌だと言うのでできていない。もうすぐ小学校に入って初めてのキャンプがある。もちろん仲よしグループで同じ班だから、Iは全然困ってもいないし、心配もしていない。母親にとってはむしろ、そのことが心配でもあった。もしかしたら夜はテントで話すだ

ろうか。それとも担任の先生に相談して、違う班にしてもらった方がよいのだろうか。しかし、もしも今の友だちとの関係がなかったら、Iはどうなってしまうのだろうか……。母の心配は尽きない。

　実はI自身も、このままではいけないということはわかっている。両親も学校の先生もみんな心配してくれているし、Iだって本音を言えば話せるようになりたい。でも今はまだちょっとそんな気分ではない。学校は楽しいし、あまり困ることもないから、もう少し待ってほしいと思っている。

● 話す意欲が低下している

　環境によって話せなくなっているタイプの1つで、話さなくても困らない者と共通する点が多い。異なるのは、必ずしも居心地のよい環境でなかったとしても、話さない状態でも最低限の学校生活を送れてしまうことである。

　緘黙状態が長期間持続していると、「話さない状態」がその子にとって自然な姿になってしまうこともある。話したいという意欲の低下は、緘黙状態に適応している状態とも捉えられる。さらに、「話さないで済む仕事」を選択する、というように、「その人らしさ」そのものにも影響を及ぼす可能性がある。

【対応】　この状態で話すことに特化した介入を行なっても、本人の意欲がないため効果はない。「話すこと」よりも、まず「その人らしさ」（自分のよいところや、表には出せていない自分の力にはどんなものがあるか）とはどのようなものかをよく考えてもらうとよいだろう。

　その人らしさは、将来のことやなりたい仕事と結びつけると考えやすい。もし将来の希望が何かあれば、そこから逆算して「何ができるようになったらよいか」「どんな力が必要か」を考えることができる。子どもの知っている社会は限定されており、生活の中で関わりのないものは知らないことも多い。進路選びは、具体的にどんな職業や生き方があるのかを知ることがまず大切である。

　本人への直接的介入として、「場面緘黙」についての心理教育も併せて行ない、本人を支援計画に巻き込むことが必要である。本人に対して、今の状態についての客観的な情報や、適切な練習によって改善できること、具体的な練習

の方法、話せるようになると将来の選択肢が広がることなどを説明する。

（3）自閉症スペクトラムがある

　背景に自閉症スペクトラム（ASD）があって場面緘黙状態になっているケースは、ASD のない場面緘黙とは根本的に異なる部分が多い。本質的な問題が ASD の症状からくるものであると、それ自体を治すことは困難である。とは言え、ASD による場面緘黙状態も主訴や状態像はさまざまであり、個々の実態やニーズに応じた介入が必要な点は同じである。

　「本当に ASD かどうか」の判断は慎重に行なわなければならない。場面緘黙は ASD と表面的な状態像がよく似ていることから、ASD を疑われやすい。家庭での様子や生育歴を丁寧に確認すると、「目が合いにくかった」「おうむ返しの返答があった」「まとはずれな答えが返ってくることがある」などの ASD の症状が疑われる情報が得られる可能性もある。

●他者への関心が薄い・関わりをもちたがらない

　ASD の中核的な症状の一部として「社会的状況で話さない」という状態となっている。家庭においても無口であったり、親ともコミュニケーションが成り立ちにくかったりする。「1 人でいることに苦痛を感じない」「友だちがいなくても困らない」など、話さなくても困らない状態になってしまうこともある。

【対応】　問題の本質は場面緘黙ではないため、話せるようになることだけを目標にしても解決にはならない。「主訴は何か」というところから、長期的な視点に立って計画を立てることが求められる。

　年齢が高くなると、話すことそのものよりも、進路、就職といった社会的自立の問題の方が深刻になるケースが多い。話せないことも社会的自立を阻む要因ではあるが、それ以上に、その人らしい自立の姿をいかに描くかという点が重要になる。

　従って、長期的な視点で見た介入のポイントは「いかに話すようにするか」ではなく「いかにその人らしく過ごせるようにするか」「いかにその人らしさを大切にした進路選択ができるか」である。「その人らしさ」の在り方によっ

て、目指すゴールが異なってくると言える。人との関わりは苦手というその人らしさを残したまま、しかし働く上での最低限のコミュニケーションはできる、という「自立」の姿も考えられる。

●言語能力やコミュニケーションスキルが低い

　ASD の症状が関わっているが、人への関心ではなく言語能力やコミュニケーションスキルの問題により緘黙状態となっている。家庭でも、家族とも話がうまくかみ合わなかったり、状況に合わない場違いなことを言ってしまったりしていることがある。

【対応】　このタイプへの介入は言語能力が低い場面緘黙児と共通する部分がある。台詞などの言語能力への負荷の低い内容のことばを使って、まずはさまざまな状況でことばが出せるようにするとよい。SST についても同様に、誘い方や返事の仕方を覚え、生活の中で使えるようにすることを目指す。いずれも、少人数から始めて話せるようなら相手や場所を広げていく。ただし ASD のある人は、特定のフレーズを覚えることではなく、それを日常生活で使いこなすことが難しいのである。何でも他の人と同じにできるようになることよりも、その人らしさを大切にすることが求められることもある。

事例

　J と初めて会ったときは、一言も話せないばかりか、かなり強い行動の抑制があった。表情は出ており笑顔もよく見られたので、不安や緊張による行動の抑制というよりも、こだわりに近いものだっただろうか。選択したり、判断したりということができないのだ。ケーキ屋さんに行っても、ケースの中から自分の食べたいものを選ぶことができなかった。J が筆者と会話ができるようになったのは中学生になってからだった。J 自身の成長もあるし、筆者や大学という環境に慣れてきたこともあるし、一緒に通ってくる仲のよい友だちがいたこともあるだろう。大きい声ではないが、自分から話しかけてくれるようになった。

　J は ASD という診断がされている。知的能力には問題がなく、むしろ勉強はよくできる。中高一貫の進学校に通っており、大学受験の準備の最中だ。理工系の大学

に進んで、将来は航空関係のエンジニアになりたいと思っている。

　中学校に入ってからしばらくは、友だちから話しかけられても返事ができず、教室でも1人でいることが多かった。J自身はそのことをあまり苦痛には感じておらず、むしろ1人でいると気楽だと言っていた。それでもクラスの仲間と過ごしているうちには、遊びに誘ったり、グループにまぜてくれたりする友だちもできた。Jにとっては、それはそれで楽しいものでもあった。

　遊びに行ってもJから話すことはほとんどないが、最近は声を出すことも増えてきたという。教師とも、必要なやりとりはことばでできているそうである。Jはもう場面緘黙ではないだろう。無口で、ASDの特性がある女の子だ。人とのコミュニケーションは今でも苦手で、妹とはよくケンカになる。外ではあまり話さないことが問題になるし、家では余計なことを言ってしまうことで問題になるのだという。

　Jにとっての介入のゴールは、高いソーシャルスキルを身に付けることではないし、誰とでも話せるようになることではないだろう。Jと友だちになる人は、Jにそういうものを求めない人だと思う。Jのもっているよさを発揮できて、あまり居心地の悪くない、Jらしい進路選択ができていってくれればと思っている。

（4）知的障害がある

　知的障害に伴う二次的な症状として場面緘黙状態になっているケースもある。この場合、緘黙状態の改善だけでなく、学習内容や生活環境、進路なども含めた支援計画を検討する。ASDが関わっている場合と同様、主訴は「話せない」こと以外にもある可能性が高い。

● 知的能力と環境とが合っていない

　IQ70前後であれば、小学1年生の学習ならある程度参加することができる。このため、軽度の知的障害の場合、小学校入学の際は通常学級に在籍していることも少なくない。しかし3年生で本格的に分数の学習が始まる頃には生活年齢と精神年齢の開きは大きくなり、学習の内容が抽象的になってくることもあり、学習の困難さは増大する。また子ども同士の関係についても、グループが固定化していったり、知的障害のある子への関わりが薄くなっていくことがある。このような知的能力と環境とのミスマッチが場面緘黙の原因となることもある。

【対応】　知的能力と環境とのミスマッチを解消することが不可欠である。コミュニケーションのとり方として、まず話せるまでゆっくり待つという基本姿勢が大切である（「Ⅵ　コミュニケーションをとる方法」参照）。また話すペースだけでなく話の内容や語彙なども本人の能力に合わせ、話している内容が確実に理解でき、会話に参加しやすくする必要がある。

　全般的な知的能力の低さだけでなく、聴覚的な短期記憶や言語理解力の問題があることも考えられる。実態に応じて、視覚的な手段（絵や写真カードなど）を併用するとよい。またことばの問題があるタイプと同様に、言語能力への負荷が低い音読や台詞などによる練習も有効であろう。

　学習の遅れや行動面の問題が明らかな場合、特別支援学級（知的障害を対象とした学級）や特別支援学校も選択肢となる。特別支援学級では、学習内容だけでなく、会話のペースや内容、コミュニケーション手段などのさまざまな面で、本人の能力やニーズに合った指導を行なうことができる（第1章「事例E」も参照）。

●話さなくても困らない

　知的障害がある児童・生徒についても、周りからの手厚い支援を受けてしまうことで、「話さなくても困らない」ことによる緘黙状態の持続が起こりうる。特に、特別支援学校への進学や福祉系の就労が進路となる場合、将来的にも「話す必要のない環境」が持続してしまう可能性がある。

【対応】　知的障害のない児童・生徒と同様、「話せなくても困らない環境」への介入と、「話したい」気持ちをもたせるような働きかけが必要になる。知的能力により本人への心理教育や本人と協力した支援計画の作成が困難な場合、環境への介入を中心に行なうことになるが、その際も過剰な負担にならないよう配慮が必要である。知的能力や言語能力を考慮すれば、当番活動における挨拶や台詞のような、言うことが決まっているものが取り組みやすいかもしれない。

　また特別支援学校に在籍している場合、学習面や生活面で求められること

が、本人の知的能力に対して低すぎることもある。中学部や高等部になると、学習の遅れや行動の問題が知的能力によるものなのか経験によるものなのか区別しづらく、どの程度の知的能力なのか推測できないケースもある。知的能力の正確な把握が難しい理由は、知能検査の実施が困難なことだけでなく、手がかりとなる行動の表出が少ないことや、話さないことで実際よりも知的能力が低く見えてしまうことも関わっている。本人の能力にあった課題や環境の設定を行なうためにも、知的能力や興味関心についてのアセスメントが重要である。

(5) 教室に入れない・学校に行けない

　場面緘黙児の中には、「教室に入れない」「学校に行けない」という状態になる子が少なくない。場面緘黙にこのような状態が伴う場合、場面緘黙であることが原因になっているケースと、両者の背景に共通する問題が存在するケースとが考えられる。

　これらの状態を理解するには、「社会的場面におけるコミュニケーションが成り立つための階層構造」(河井・河井, 1994：第1章参照) の視点が有効である。「教室に入れない」「学校に行けない」は基礎となる「第1の水準　動作・態度表出」の問題であるが、「第3の水準　言語表出」とどのような関係があるだろうか。

● 場面緘黙が原因になっている

　場面緘黙が先にあり、「話せないから○○が嫌で行きたくない」「行っても楽しくないから」という理由で、二次的に「教室に入れない」「学校に行けない」という問題が生じているタイプ。学校やクラス、あるいは集団やクラスメイト

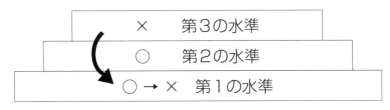

図 4-3　場面緘黙が原因となっている場合

に対して拒否感や恐怖感を抱いているわけではない。このようなケースは本質的には「第3の水準」の問題であって、「第1の水準　動作・態度表出」には問題が少ない（図4-3）。

【対応】　介入にあたっては、場面緘黙から生じる問題をいかに解消し、登校を促すかが重要となる。「音読ができないのが嫌」「音楽の授業で前で歌うから行きたくない」のように、学校生活上の問題が具体的である場合は、まず本人から丁寧に聴き取りを行なって、個々の問題を解決する必要があるだろう。「話せる友だちがいないから楽しくない」のような友人関係に由来する問題の場合は、学級活動や休み時間などを活用して「学校が楽しい」と思えるようにすることが求められる。

場面緘黙から問題が生じているため、場面緘黙そのものへの介入も効果的な場合がある。本人の意思や場面緘黙の状態にもよるが、「音読ができないのが嫌」のように原因が明確であれば、音読ができるように計画を立てて練習に取り組むこともできる。

● 両者の背景に共通する問題が存在する

「集団が苦手」「視線が怖い」のような不安や恐怖の感じやすさによって、学校や教室で過ごすことそのものに拒否感があり、「教室に入れない」「学校に行けない」状態になっているタイプ。これらの不安や恐怖は同時に、場面緘黙の原因にもなっている。従って両者は別々の症状ではなく、共通する問題がそれぞれ異なった現れ方をしていると捉えられる。

【対応】　先の場面緘黙が原因となっているタイプとは異なり、「第3の水準　言語表出」だけでなく「第2の水準　感情・非言語表出」や「第1の水準　動作・態度表出」にも問題がある（図4-4）。このようなタイプでは、「第3の水準」である教室で話せるようになることよりもまず、より基礎的な水準である「第1の水準　動作・態度表出」が安心してできるようになることを目指す必要がある。

不登校にはなっておらず、教室には入れないものの学校に通うことはできて

図4-4 両者の背景に共通する問題が存在する場合

いるという状態であれば、まずは安定して学校に通えることを優先した方がよいだろう。もし不安や恐怖を感じる対象が明確になるようなら、それを改善するための具体的な方法を検討する。例えば「視線が怖い」という訴えに対しては、座席の位置や班、教室移動の際の移動のタイミングなどを変えることで対応できる可能性もある。しかし「人数の多いところが怖くて教室に入れない」のような訴えであれば、教室復帰を目指すよりも特別支援学級や相談室を活用して、安定して学校に通うことを継続しながら学習面への保障を行なうのがよいかもしれない。

「第3の水準」にも問題が生じているが、話しことばの表出を求めるよりも、本人にとって無理のない方法でまずコミュニケーションを成立させることを優先する方がよい。文字でやりとりできれば、交換日記のような方法で学校とのつながりを維持することもできる。

不登校状態になってしまっている場合、学校・学年や学習面の状況、友人関係、家庭環境、学校内外の使用可能な資源などのさまざまな要素によって、優先される課題も取り組める内容も大きく異なる。保護者、担任、その他の関係者によって早急に支援会議を開催し、具体的な介入策を検討する必要がある。

このようなケースでは、学校内だけで抱え込まないことと、本人の意思を大切にすることが重要である。前者については、不安障害という視点から、服薬も含めた医療機関による介入も選択肢となる。また学校外の資源として、日中に通うことができる相談室や適応指導教室、あるいはフリースクールのような居場所を家庭の外に設けることが有効な場合がある。従って支援チームには、

校内の関係者だけでなく、必要に応じてSSW（第3章「Ⅲ　学校内の連携と役割分担」参照）や外部の関係者を加えておくとよい。

　支援計画を検討する際には、「今どうするか」という短期的な方針よりも、「どのような形で中学卒業を迎えるか」「高校を卒業したときにはどうするか」といった長期的な視点での検討が不可欠である。より長期的な視点で言えば、「その人らしさ」をどう描くかである。このような人生設計上の選択は、本人抜きに進めることはできない。このため本人に対しては、「今学校に行けるかどうか」よりも、「将来したいこと／できるようになりたいことは何か」という視点での関わりが必要になる。

Ⅴ　特別支援学級・通級による指導の活用

（1）特別支援学級・通級による指導の対象となる場面緘黙児
● 特別支援学級

　特別支援学級は教育上特別な支援を必要とする児童・生徒を対象とする学級であり、場面緘黙は「自閉症・情緒障害」を対象とした特別支援学級に該当する。特別支援学級は「学級」であるため、在籍する児童・生徒はこの学級に籍を置く。つまり、特別支援学級に在籍する児童・生徒にとっては、「所属する集団」は特別支援学級ということになる。通常の教育課程と同様に教科の学習を行なうが、これに併せて自立活動（(4) 参照）を行なうこともできるため、個々の児童・生徒のニーズに応じた指導内容を柔軟に取り入れることが可能となる。

　特別支援学級（自閉症・情緒障害学級）に在籍するのは主として、発話だけでなく情緒面や行動面での顕著な困難さがある（教室に入れない、緘動、食事や排泄などの生理的現象の問題など）か、自閉症スペクトラムなどがあり、行動面や学習面での困難さが大きい児童・生徒である。このため、話すことだけでなく、表情や身ぶりによるコミュニケーションにも困難さがあったり、食事や排泄といった動作にも問題を有している場合がある。

　従って特別支援学級に在籍する場面緘黙児は、主訴が「話すこと」の問題だ

けではないことが多い。「話すこと」だけにとらわれずに、何が主訴かというところからアセスメントを行なうことが求められる。

●通級による指導

　通級による指導は、教育上特別な支援を必要とする児童・生徒を対象とする点は特別支援学級と同じであるが、学級ではないため児童・生徒は通常の学級に在籍する。通常学級での生活や学習が可能な児童・生徒を対象とするため、通級は「生活の場」ではなく、明確な主訴に対応した治療的介入を受ける場である。特別支援学級とは異なり個別の指導が中心であることから、その子の実態やニーズに応じた個別的介入が行ないやすい。

　通級による指導を受けることのできる時間数は、週1単位時間から8単位時間と定められている。文部科学省の「平成26年度通級による指導実施状況調査結果について（平成27年3月）」によると情緒障害では週1単位時間〜2単位時間の通級が小中学校とも半数以上を占めている。指導の内容は自立活動が中心であるが、各教科の内容を補充するための指導を行なうことも可能である。

　場面緘黙は「情緒障害」を対象とした通級に該当する。しかし地域によっては情緒障害通級自体が設置されていないところもある。設置数では「言語障害」を対象とした通級（ことばの教室）が最も多いため、言語障害通級に通うケースもある[※]。

※「ことばの教室」：「通級による指導の対象とすることが適当な自閉症者、情緒障害者、学習障害者又は注意欠陥多動性障害者に該当する児童生徒について（通知）」（文部科学省、平成18年3月）では、「通級による指導を担当する教員は、基本的には、この通知又は291号通知に示されたうちの一の障害の種類に該当する児童生徒を指導することとなるが、**当該教員が有する専門性や指導方法の類似性等に応じて、当該障害の種類とは異なる障害の種類に該当する児童生徒を指導することができる**」（太字は筆者）とされている。従って、ことばの教室であっても指導を受けることが可能である。場面緘黙の背景に言語障害が関わっているケースが存在することからも、実態によってはことばの教室への通級が適切な場合も考えられる。

（2）支援計画の作成

　個別の指導計画および個別の教育支援計画は特別支援学校以外では作成が義務づけられていないが、適切な支援・指導を行なうためには作成しておく必要があるだろう。

　特別支援学級や通級による指導は少人数や個別指導がほとんどであり、安心できる空間で特定の相手と継続的に関わりをもつことができる。このため、これらの場面で話せるようになるケースは多い。しかし、特別支援学級や通級による指導で話せるようになることはゴールではなく、通常学級で力が発揮でき、話せるようになることを目指さなければならない。

　支援計画作成にあたっては、特別支援学級・通級担当者と保護者、クラス担任（必要に応じて、その他の関係者や本人）を含めて支援会議を行ない、共通理解に基づいた具体的で実行可能な計画を立てる。特別支援学級や通級で話せる場合、言語能力や発達面の問題、本人の思いなどを把握することができるので、より専門的な視点でのアセスメントが可能となる。

　計画を実効性のあるものにするために、「誰が、何を、いつ」行なうかを明確にしておくことが不可欠である（詳細は第5章参照）。

（3）具体的な介入方法

●動作・態度、感情・非言語の表出

　児童・生徒の実態によっては、特別支援学級や通級の教室で安心して過ごすことが当初の目標になる。場面緘黙の症状が重く、表情や身ぶり、動作の表出が困難な場合であれば、話すことよりもまずそれらが安心して表出できることを目指す（第1章図1-1「社会的場面におけるコミュニケーションが成り立つための階層構造」参照）。入級当初など緊張が強いこともあるので、焦って次の段階に進もうとするよりも、時間をかけて教室に慣れるようにした方がよい。まずは安心して過ごせる場であることが重要である。

　場面緘黙児の中には、少しでも他の児童・生徒がいると緊張してしまう子や、視線などに恐怖を感じる子もいる。不安を感じやすい場面や恐怖を感じる対象を的確にアセスメントして、個々の児童・生徒にあった対応を検討する。

例えば他者の視線を感じるという場合、衝立やカーテンで部屋を仕切って使うといった方法が考えられる。また登校してから落ちついて過ごせるようになるまで時間がかかったり、緊張しやすい教科があるなど、1日の生活の中でも変動がある。その時々の状態を丁寧に見定め、より落ちついた学校生活を送れるように配慮する。

● コミュニケーションの促進

　安心して過ごせる環境が整ったら、担当者とのコミュニケーションの促進を目指す。家族以外の相手であっても、信頼関係の形成された相手とは1対1であれば話ができることが多い。話すことだけでなく表情や身ぶり、動作の表出も困難な場合はまずそれらが安心して行なえるようになることを目標にする。

　安心できる環境で時間をかけてゆっくりコミュニケーションをとれるというだけで、担当者に対して声が出せるようになる可能性もある。筆談や身振りなどによるコミュニケーションを行なう場合であっても、その子のペースややり方にあわせて時間をとれることがコミュニケーションを促進することにつながる。

　また、まず特別支援学級や通級の教室という「場所」で話せるようになるという段階を踏むこともできる。保護者と連携して「保護者と本人の2人だけで特別支援学級の教室で会話をする」という段階を設けることで、特別支援学級や通級の「教室で話せる」状態になる。この方が、話せる相手を特別支援学級担当者という「人」に広げやすい。

● 話せる「人」「場所」「活動」を広げる

　特別支援学級や通級による指導で話せるようになったら、話せる「人」「場所」「活動」を広げることを目指す。特別支援学級であれば、在籍している他の児童・生徒という「人」を広げることができる。また通級による指導のように個別で行なう場合は、教室内に限定せずに校内や建物の外に出かけて行って、さまざまな「場所」で話す経験を積むこともできる。自校通級の児童・生徒であれば、在籍しているクラスの近くで話す練習も効果的だろう。

● クラスへの移行

　通常学級で力が発揮でき、話せるようになることが1つのゴールである。特別支援学級に在籍している場合は、実態に応じてクラスとの交流や共同学習に

取り組む必要がある。実施の形態としては、「入りやすい教科だけを選んでクラスに入る」「給食だけ一緒に食べる」「掃除だけ一緒に行なう」「遠足などの行事だけ一緒に行く」「廊下から授業の様子を眺める」「特別支援学級の教室にクラスの子たちがくる」など、さまざまなものが考えられる。これらも「人」「場所」「活動」を組み合わせて、できることを広げていくのがよいだろう。

　場面緘黙状態が改善してくると、特別支援学級に在籍していてもクラスで大半の時間を過ごすということがあり得る。特別支援学級は原則としては在籍する学級であるが、学校内で適切に連携し、個々の状態やニーズに応じた柔軟な対応をすることが求められる。

●特別支援学級の短所

　特別支援学級を利用することの短所は、対象となる障害が場面緘黙だけではなく、「自閉症・情緒障害」であるという点である。実態としては自閉症スペクトラムの児童・生徒の在籍数の方が多く、場面緘黙児にとっては過ごしづらいこともある。

　また特別支援学級はその学級に「在籍」することになり、制度上は学校生活の大半を特別支援学級で過ごすことになる。このため「話せないこと」だけが主訴であり、教科の学習はクラスで受けることを基本としたい児童・生徒にとっては気軽に利用しづらい。もちろん、クラスでの交流や共同学習を積極的に行ない、特別支援学級に在籍しながら、大半はクラスで過ごすことも可能である。また、実際には特別支援学級に入級していないものの、限られた時間だけ「サービス通級」として特別支援学級での指導を受ける、という方法を採っている学校もある。このあたりは各自治体や学校における特別支援学級の運用の実態にかなり左右されるのではないかと思われる。

（4）自立活動

●自立活動とは

　自立活動は特別支援教育に特有の領域である。「特別支援学校小学部・中学部学習指導要領」では「個々の児童又は生徒が自立を目指し、障害による学習上又は生活上の困難を主体的に改善・克服するために必要な知識、技能、態度

及び習慣を養い、もって心身の調和的発達の基盤を培う」とされている。特別支援学級及び通級による指導においても「特別の教育課程によることができる」ことが、それぞれ学校教育施行規則第百三十八条及び第百四十条に定められており、自立活動を実施することができる。

「特別支援学校学習指導要領解説　自立活動編」では自立活動の指導の基本として、「自立活動の指導は、(略)個々の幼児児童生徒の障害の状態や発達の段階等に即して指導を行うことが基本である。」と記されている。従って、それぞれの子どもの状態やニーズに応じて柔軟に計画を作成し、指導を行なうことになる。現実的には特別支援学級に在籍しているにも関わらず教科の補充指導しかしていないケースもある。特に中学校の特別支援学級では各教科の担当者が授業を行なうため、自立活動が行なわれないことがある。個々の状態やニーズに応じて適切に指導計画を作成し、個別的介入を行なうべきであろう。

なお、自立活動に充てる時間に関しては「児童又は生徒の障害の状態に応じて、適切に定めるものとする」とされており、時間配分を柔軟に計画することが可能である。また「自立活動の時間における指導は、各教科、道徳、外国語活動、総合的な学習の時間及び特別活動と密接な関連を保ち」行なうこととされており、自立活動として行なう時間だけでなく、その他の学校生活と関連させて、効果的な指導を行なうことが求められる。

●場面緘黙児に対する自立活動

自立活動の内容は「健康の保持」、「心理的な安定」、「人間関係の形成」、「環境の把握」、「身体の動き」、「コミュニケーション」の6区分で構成されており、それぞれの区分には各3〜5の項目がある。「特別支援学校学習指導要領解説　自立活動編」で場面緘黙（選択性かん黙）について述べられている項目は「心理的な安定（2）状況の理解と変化への対応に関すること」および「コミュニケーション（5）状況に応じたコミュニケーションに関すること」の2箇所のみであるが、これらはあくまで例示であるため、必要に応じてその他の内容を取り入れることになる。参考として、自立活動の内容である6区分26項目のうち、場面緘黙児への指導に関わりのある主な項目を示した（**表4-4**）。

表 4-4　場面緘黙児への指導に関わりのある主な自立活動の項目

区分	項目
健康の保持	（2）病気の状態の理解と生活管理に関すること。
心理的な安定	（1）情緒の安定に関すること。 （2）状況の理解と変化への対応に関すること。 （3）障害による学習上又は生活上の困難を改善・克服する意欲に関すること。
人間関係の形成	（1）他者とのかかわりの基礎に関すること。 （2）他者の意図や感情の理解に関すること。 （3）自己の理解と行動の調整に関すること。 （4）集団への参加の基礎に関すること。
環境の把握	（2）感覚や認知の特性への対応に関すること。 （4）感覚を総合的に活用した周囲の状況の把握に関すること。
身体の動き	（3）日常生活に必要な基本動作に関すること。 （5）作業に必要な動作と円滑な遂行に関すること。
コミュニケーション	（1）コミュニケーションの基礎的能力に関すること。 （2）言語の受容と表出に関すること。 （3）言語の形成と活用に関すること。 （4）コミュニケーション手段の選択と活用に関すること。 （5）状況に応じたコミュニケーションに関すること。

Ⅵ　コミュニケーションをとる方法

（1）コミュニケーションの障害とは

　話せないこととコミュニケーションができないことは、同じではない。「コミュニケーション」には話しことばのやりとりだけでなく、表情や身ぶり、文字なども含まれる。また意図的なものだけでなく、受け手がそこから何らかのメッセージを読み取れば、それもコミュニケーションと捉えることができる。

　生後1年に満たない乳児を考えてみよう。話しことばの表出ができるよりも前に、表情や泣き声、視線、指さしなどによって赤ちゃんはわれわれにさまざまなメッセージを送ってきている。このような状況で求められるのは赤ちゃんの発信する力ではなく、受け手の理解する力である。

コミュニケーションはよくキャッチボールに例えられる。キャッチボールは相手が誰であってもすることができる。赤ちゃんが相手でも、大人が赤ちゃんに合わせることができればキャッチボールは成り立つ。プロ野球の選手が小学生とキャッチボールをする場合、プロ野球選手は相手の状況を全く考慮せずに渾身の力を込めてボールを投げることはせず、相手の能力や意欲を推し量り、それに見合った球を投げるであろう。反対に、小学生がどんな球を投げたとしても、プロ野球選手はその球を拾いに行く。キャッチボールは上手な方が相手に合わせることで成り立つ。コミュニケーションも同様である。

コミュニケーションは相互の関係の中にあるものであり、コミュニケーションの障害もその関係の中で生じる。つまりコミュニケーションの障害は、どちらか片方にではなく、本来両者の関係の中に存在するものである。場面緘黙児との間にコミュニケーションが成立しづらいとしたら、それはその子だけでなく受け手の責任でもあると言える。コミュニケーションを成り立たせるには場面緘黙児ではなく、受け手側も変えなければならない。

（2）非言語的なコミュニケーションが必要な理由

話しことばでのコミュニケーションができない場合でも、非言語的なコミュニケーションができることは非常に大事である。これには2つの理由がある。1つ目は、コミュニケーションが成立することは信頼関係を形成する上で不可欠だからである。よほど特異な例でない限り、コミュニケーションが成り立たない人と信頼関係を形成するのは困難であろう。信頼関係の形成はさらなるコミュニケーションの促進にもつながるし、アセスメントや効果的な介入を可能にする。話しことばでのコミュニケーションができなければ、非言語的なコミュニケーションができることを目指さなければならない。

もう1つの理由は、話しことばでのコミュニケーションのための基礎となるからである。第1章でも述べた通り、河井・河井（1994）は社会的場面での行動を3つの水準の階層構造で説明している（図は第1章参照）。第3の水準である言語表出が可能であるためには、その基礎となる感情・非言語がある程度表出できなければならない。

（3）補助・代替コミュニケーション（AAC）の活用

　話しことばに限定せず、コミュニケーションが成り立つことを重視する考え方やその方法を AAC（Augmentative & Alternative Communication：補助・代替コミュニケーション）と呼ぶ。AAC とは、何らかの理由によって話しことばによるコミュニケーションが困難な場合に、話しことばを補ったり（補助）、代わりをする（代替）方法を利用することである。斉藤（1998）によると AAC の基本として次の3点が挙げられる。

　①聴覚経路にこだわらず、視覚経路を利用する
　②音を組み合わせるような複雑なルールを用いず、実際の物の形や動きに近い表現を用いる
　③構音のような複雑な運動をしないで表現する

　AAC は特別なものではなく、日常的にも用いられている。例えば表情や身振り、指さしも AAC の一種で、会話の中でも多くの情報量を担っている。表情や身振りを使わずに会話をすると奇妙なことになるし、メールだと思いが伝わりにくいのもこの情報が抜け落ちてしまうためである。トイレや非常口のマークも、ファーストフード店のレジにあるメニューの写真も AAC の一種である。このように AAC は、話しことばの使用が困難な人だけでなく、話しことばが問題なく使える人にとっても有効なコミュニケーションの道具として機能している。

　「補助・代替コミュニケーション」という名称からもわかるとおり、AAC は話しことばの代わりをするだけではなく、「補う」ものでもある。つまり、話しことばか AAC かのいずれか1つを選択して使わなければならないのではなく、話しことばとも併用しながら、状況に応じて必要なものを選択すればよい。

　AAC の使用にあたっては、「AAC があると話さなくなるのでは？」という点が懸念されることがある。AAC の使用は話しことばの発達に促進的に作用するらしいことはさまざまな事例から示唆されている（藤野, 2009）。しかしこれらの研究はことばの発達が遅れている自閉症児や言語発達遅滞児を対象にしたものであり、場面緘黙児についての研究は少ない。筆者らは、吃音のある場

面緘黙児1名を対象に、筆談を用いた指導を行なった（金井・高木, 2015）。その結果、筆談により対象児童のコミュニケーションが促進され、話しことばの表出も見られるようになったが、その後も筆談は使われ続けた（第1章「事例D」参照）。この事例で、話しことばが表出されたにも関わらず筆談が使われ続けたのは吃音があることに起因すると推察されるものの、「筆談が使える」という環境が一部では話しことばの表出に抑止的に働いた可能性は否定できない。しかし総合的に考えれば、筆談の使用がコミュニケーションや話しことばの表出を促進したことは確かである。

　重要なのはAACがよいか悪いかではなく、その子にとってよりよいコミュニケーション手段は何かである。AACは眼鏡と同じで、画一的に用いればよいというものではない。その人にあった眼鏡を使うのと同じように、その人にあったAACでなければ意味がないし、AACによってかえって話さなくなっているようなら、使用を中止すればよい。

（4）文字を用いたコミュニケーション

　文字は、「話しことば」についで多くの情報量を伝達できるため、場面緘黙児とのコミュニケーションにおいて使用されることが多い。文字を用いたコミュニケーションにも、さまざまな特性のものが存在する。

●筆談

　紙やホワイトボードを使った筆談は、リアルタイムのやりとりができるコミュニケーションであり、会話に近い。効果的なコミュニケーション手段だが、すべての場面緘黙児に使えるわけではない。

　筆談を行なう場合には、次のような配慮が必要である。まず、書いているところを見られるのを嫌がることがある。話すことと同じように、書くことも緊張することであり、書いているところをじっと見られていると書けなくなってしまう子は多い。緊張してしまう場合は、書いているところは見ずに、書かれたものだけを見るようにするとよい。また書いたものが残ることを嫌がる場合は、ホワイトボードや、書いたらすぐに消せるような支援機器を使う方法がある。

筆談をしているとかえって目立ってしまうので書きたがらない、というケースもよく聞く。このようなときは、他のクラスメイトがいない場面に限定するとか、教卓にメモ用紙を置いておいて目立たないように行なう、といった配慮が考えられる。

文字を書くのに抵抗があるという場合は、絵でのやりとりが有効である。筆者の場合、初めてきた子とコミュニケーションを取る際の導入として、ホワイトボードを使って絵しりとりを行なうことが多い。絵しりとりはことばに近い要素のあるコミュニケーションであるが、比較的どの子でも抵抗感なく取り組んでくれる。

● 連絡帳や交換日記、手紙

連絡帳や交換日記は、頻度が限られるという短所はあるが、リアルタイムでの筆談よりも取り組みやすい。また時間をかけて書くことができるため、筆談では書けないような長い文を書くこともできる。もちろん最初から長文でのやりとりができるわけではないので、初めは絵だけであったり、教師が書いたものに対して子どもはハンコを押すだけ、というやり方でもよいだろう。

連絡帳や交換日記でのやりとりを効果的なものにするには、こまめに丁寧な返事を書くことが大切である。

● メールなど

インターネットの活用は、家庭や学校の事情などさまざまな制約があるものの、コミュニケーションの手段としては非常に優れている。手紙や連絡帳と比較すると高頻度でのやりとりが可能であるが、筆談と違い推敲がしやすく、また書いているところを他人に見られずに済むという長所もある。場面緘黙状態の高校生には、学校では一言も話さなくても携帯電話では長文のやりとりもしている、という子もいる。

メールなどを使う場合は、家族共用のパソコンや親の携帯電話よりも、個人で使用できるものがあった方がコミュニケーションの促進につながる。学校や家庭内のさまざまな事情も踏まえつつ、有効な AAC であるという視点から積極的な活用を検討する価値がある。

（5）コミュニケーションをとる際の大人側の姿勢

ことばの遅れや言語障害のある子どもに対するコミュニケーション指導の技法に、インリアル・アプローチがある。インリアル・アプローチは、自由な遊びや会話の場面を通じて子どもの言語やコミュニケーションを引き出すことを基本的な理念とした指導技法である。子ども主導型のコミュニケーションを重視しており、子どもが始めるチャンスを与えるために、大人からの開始を少なくしてリアクティブ（反応的）にする関わり方を大切にしている。これは、子どもを取り巻くコミュニケーション環境を変えていくという発想をもっているもので、大人は重要なコミュニケーション環境であり、大人が自分の役割を自覚する必要を強調している（竹田・里見，1994）。このような、大人自身をコミュニケーション環境と捉え、その改善を目指す考え方は、場面緘黙児への介入においても重要である。

● 大人の基本姿勢

インリアル・アプローチでは、大人が子どもに関わる際の基本的な姿勢として、以下の4点を挙げている。これらは、その頭文字を取ってSOUL（ソウル）と呼ばれる。

① **Silence**（静かに見守ること）：子どもが場面に慣れ、自分から行動が始められるまで静かに見守る。

② **Observation**（よく観察すること）：何を考え、何をしているのかよく観察する。コミュニケーション能力・情緒・社会性・認知・運動などについて能力や状態を観察する。

③ **Understanding**（深く理解すること）：観察し、感じたことから、子どものコミュニケーションの問題について理解し、何が援助できるか考える。

④ **Listening**（耳を傾けること）：子どものことばやそれ以外のサインに十分耳を傾ける。

竹田・里見（1994）は、大人が基本姿勢を守ることの大きなねらいは、「子どもが場や人に慣れ、自然で生き生きとした状態で実力を発揮できるような環境を提供すること」であると述べている。これは本書で指摘してきた場面緘黙児の捉え方や関わり方と大きな共通点がある。場面緘黙児との関わりにおいて

も、大人の基本姿勢として SOUL を守ることは重要であろう。

　ただしこのことは、大人からは子どもに対して何も働きかけを行なわないという意味ではない。竹田・里見（1994）も SOUL に関して、「自分で遊びを展開できない子どもには、大人は待っているだけでは問題の解決にならず、大人から遊びのモデルを提示していく、つまり開始することも必要になってくる」と指摘している。SOUL は「この通りに動かなければいけない」というマニュアルではなく、あくまで「基本姿勢」だということである。

Ⅶ　環境の変化を活かした介入方法

（1）人間関係が変化する機会

　場面緘黙を取り巻く環境の重要性については各章で指摘してきた。本人だけでなく環境因子にも適切に介入することが求められるが、場面緘黙に大きな影響を与える「人間関係」については、物理的な環境とは異なり容易に介入することができない。

　場面緘黙に関わる環境因子はライフステージによって大きく変化する。特に小学校や中学校、高校への進学は、人間関係が大きく変化する機会となる。介入にあたっては、このような人間関係の変化を活用することができる。

（2）進学による環境の変化

　小学校への進学を例に、環境の変化を活かした介入の具体的な方法について説明する。

◉小学校への入学という環境の変化

　幼児と言っても、すでに自分自身や周りの子たちに対してさまざまな認識をもっている。場面緘黙児は、年長児ならすでに「自分は園では話せない」ということがわかっているし（メタ認知）、「他の子たちは自分が園では話せないと思っている」ということもわかっているだろう（心の理論）。そのような場面緘黙児にとって、小学校進学は新しい自分になる絶好の機会となる。

　多くの小学校では、複数の異なる園から児童が進学してくる。同じ園から行

く子よりも、違う園からくる知らない子たちの方が多いこともあるだろう。本人の中での不安や恐怖がある程度軽減しているようなら、このような環境の変化は「話せる自分」として再出発する絶好の機会である。

●就学時健診〜小学校入学前の準備期間

多くの園児たちにとって、入学前に小学校との接触があるのは小学校の運動会と就学時健診であろう。運動会では小学校の児童や教職員との接触は少ないが、健診ではコミュニケーションが要求される場面もある。初めて入る学校はとても緊張するところであり、何をするかの見通しももちづらい。さらに、多くの見知らぬ子どもや、手を引いてくれる高学年のお兄さんお姉さんもいるという状況である。ここで何の対策もせず他の子と同じように健診に参加させてしまうと、怖かったという経験が残ってしまう可能性がある。

初めての小学校というのは、反対によい印象をもってもらうための機会にもなる。事前に小学校側で情報を把握しておければ、日時をずらしたり窓口を変えるといった方法で、全体とは異なる流れで健診を行なうことも可能である。特別支援教育コーディネーターや支援学級担任が個別に対応し、その子の状況に応じて安心して楽しめる活動を取り入れることができれば、学校が怖いところではなく行ってみたいところに変わるかもしれない。

保護者との連携を進める上でも、健診の際の学校側の対応は重要である。子ども同様不安を抱えた保護者に対して、校長や教頭が時間をとって対応して入学までの期間も含めてしっかり連携していきましょうというメッセージを送ることは、保護者に大きな安心感を与える。保護者の安心感は子どもの安心感にもつながる。

情報の共有から適切な支援計画を立てるにはある程度の時間がかかる。入学までの詳細な計画は、限られた時間の中で急いで行なうよりも、別途日時を決めて行なった方がよい。

●小学校入学前の支援会議（移行支援計画の作成）

小学校入学前のできるだけ早い時期に保護者、小学校関係者、園関係者の3者が参加する支援会議を行ない、具体的な移行支援計画を作成する。小学校からは特別支援学級コーディネーターや就学担当者の他、クラス編成についての

検討が必要になるため校長が参加することが望ましい。家庭からは、父母どちらか一方だけでなく、両親揃って参加できる方がよい。多面的に情報を出し合うという意味もあるが、家庭以外の関係者が多いという点もある。保護者にとっては慣れない小学校とのやりとりであるため、両親が揃って参加した方がより適切に要求を伝えることができる。

　入学前の支援会議では、大きく分けて以下の3点について検討し、「誰が、何を、いつ」するのかを具体的に決めておく。

●校舎内の見学

　入学までの期間に何回か、校舎内を見学する機会を設ける。児童のいるときよりも、まずは人の少ない日時を選んだ方がよいだろう。校内の様子を入学前に把握することができていれば、不安も軽減されるし、他の子よりも学校のことがわかっているという状態で入学式を迎えることができる。見学にあたっては、特に下記のような点に気を付ける。

①学校が安心できる場所、楽しい場所となるように配慮する。例えば、支援学級の先生と一緒に折り紙をしたのが楽しかったのでまた行きたいとか、メダルをもらったのが嬉しかった、というような経験ができるとよい。

②1年生の教室を見学する。教室に入って保護者と話す経験ができれば、1年生の教室が「話したことのある場所」になる。

③慣れてきたら児童のいる時間にも見学してみる。幼児にとって小学生のお兄さんお姉さんはとても大きな存在であるが、授業中の様子も見学することで小学校に対する理解が深まり、不安が軽減する。

④保護者に対して、いつきても大丈夫というメッセージをしっかりと送る。保護者側は、過剰な要求と取られるのではないかといった心配もある。また多くの学校は関係者以外の立ち入りのないところであるため、保護者や本人が居心地の悪さを感じることもある。見学のある日は校内の教職員で情報共有しておくとよいだろう。

●クラス編成の配慮

　場面緘黙の状態は、友だちがいるかどうかに大きく左右される。話せる友だちがいたのに違うクラスになってしまったために誰とも話せなくなってしまっ

た、というケースもある。

　場面緘黙状態で園時代を過ごしてしまった子にとって、同じ園から上がる子たちは、「一緒にいて安心できる仲間」であるかもしれないし、「話せない自分を知っている相手」であるかもしれない。事前に、保護者を通じて本人の思いを確認しておくとよい。もちろん小学校側はクラス編成の希望をすべて聞き入れることはできないが、学校の実情に応じた「合理的配慮」を提供することは可能である。

　もう1つの予防的介入として、担任との相性が挙げられる。教師は場面緘黙児にとって恐怖を感じる相手になる可能性もある。学校側の事情が許せば、年齢や性別、経験などを考慮して担任を決めるとよいだろう。

●入学式のリハーサル

　場面緘黙以外にも見通しをもつことが苦手な児童などのために実施している学校がある。入学式前日に、紅白幕が張られて準備のできた体育館を見学する機会を作る。可能であれば担任を保護者や児童に伝え、挨拶をしたり、入学式ですることなどを説明しておくとよい。この時に、「はい」と返事をする場面があるかとか、1日の流れがどのようになっているかなどを伝え、見通しがもてるようにすることで、安心して新学期を迎えることができる可能性が高まる。

（3）進級・クラス替え

　進級にクラス替えが重なる学年は、環境の変化が大きい。クラス編成についての基本的な考え方は（2）で説明したことと同じである。クラス替えを伴わない進級の場合、クラスのメンバーは替わらないが、授業を受ける教室（場所）や新しい学年で生じる役割や立場（活動）が変化することになる。家庭外で話すことが広がりつつある場合は、春休み中に上の学年の教室で話す練習をするとよいだろう。

（4）転校

　転校は通常の学校生活の中では生じないが、大きな環境の変化であるため、

転校の機会があれば活用できるように準備を進める必要がある。基本的な考え方は「（2）進学による環境の変化」と同じである。

● 学校間の情報共有

個別の指導計画や個別の教育支援計画を活用し、学校間での情報の引き継ぎや支援・配慮の確認をしっかり行なっておく。新しいクラスで最初から失敗経験をするということはないようにしなければならない。

しかし、文書での引き継ぎでは大切な情報が伝わっていなかったり、新しい学校の方の担当者の確認が不十分なこともある。学校が離れていないようなら担当者が直接出向いて、保護者（および必要に応じて本人）も同席して引き継ぎをする方が確実である。

自治体が違うと、特別支援教育の制度の細かい運用方法が違っていることもある。特別支援学級の位置付けや利用実態、個別の指導計画の作成についての考え方など、前提となる認識が異なっている可能性もあるので、学校間で相互に確認しておくとよい。

● 新しい学校に慣れる

新しい学校への移行は十分な準備期間をとって行なう。転校に伴う不安をなるべく軽減するように、新しい学校に慣れるために見学の機会を複数回設けておくとよい。入ることになるクラスの教室や部活動の見学をしたり、可能であれば教職員と話すこともしておく。

● 教室で話す練習

放課後や長期休暇中を利用して保護者と学校に行き、教室で話す練習を行なう。新しいクラスでの生活が始まる前に、保護者や限られた相手なら教室で話せるようになっておくと、転校後に話すことがしやすくなる。教室で保護者と話せるようなら、担任や関わりの多くなる教職員と話すことに挑戦してみることもできる。

● クラスに入る準備

新しいクラスを居場所と感じ、所属感をもてるように、クラス側でも十分な受け入れのための準備が必要である。初日にはどのように紹介を行なうのか、座る席やクラスメイトについての情報などは、ある程度本人とも打合せを行

なっておく。クラスの児童・生徒に対しては、話しかけやすいように、好きなことや特技などの個人に関わる情報を丁寧に紹介するとよいだろう。

● 場面緘黙の改善を目的とした転校の場合

　保護者の仕事などの都合ではなく、場面緘黙状態改善のための介入として意図的に転校が行なわれることがある。このような目的で転校を行なうにあたっては、まず本人の意思を十分に確認しておくことが必要である。本人が転校を望んでいなければ、せっかく転校して環境を変えてもよい結果は伴わない。

　本人の積極的な同意が得られている場合、次に「本当に転校したら話せるか」を確認しておく。多大な労力や負荷をかけて転校するのであるから、確実に話せるようになることを目指さなければならない。具体的には、現在の学級集団以外の「新しい相手に対してなら話せる」ということを確認するために、学校以外の同学年の子がいる習い事や地域の活動に参加してみるとよい。この状態で新しい相手となら話せるようなら、先に述べた方法で転校の準備を丁寧に進めることで、転校先で話せるようになる可能性がある。

第5章

アセスメントと支援計画の作成

I　アセスメントとは

　場面緘黙児への適切な対応のためには、一人ひとりについての丁寧なアセスメントと支援計画の作成が不可欠であることは、これまでくり返し強調してきた。「こうすれば場面緘黙が治る」という特効薬は存在しない。アセスメントなしには、適切な介入は行なうことができない。

(1) 意思決定のための資料

　アセスメントはもともと教育の用語ではないためか、学校教育の現場では「アセスメントとは何か」ということは必ずしも正しく理解されていない。アセスメントとは、単なる情報収集ではないし、知能検査を実施することでもない。

　そもそもなぜ片仮名ことばをそのまま使っているのかと言えば、これに当てはまる適当な日本語が存在しないためであろう。アセスメントの訳語としては「査定」や「評価」があるが、「査定」は教育用語としては馴染みがないし、「評価」は学校教育ではどちらかというと「成績評価」という意味合いが強くなる。

　少し意訳して「情報収集」や「実態把握」と捉える人もいるだろう。これはアセスメントの意味するところに近いようであるが、まだ本質には到達していない。ただ情報を収集するだけではなく、それを分析して意味のある判断を下すまでのプロセスがアセスメントである。知能検査を実施しても、そこから具体的な支援計画を立てられなければ意味がない。これらのことを踏まえて

表 5-1　アセスメントの定義

アセスメントとは、①情報を収集し、②児童・生徒の実態と照らし合わせて分析・解釈し、③それらを踏まえて意思決定のための資料を提供すること。

　アセスメントを定義すると**表 5-1** のようになる。
　「情報収集」や「実態把握」では、このうちの①のみか、よくても②までしか含まれない。アセスメントの目的は問題を解決することであるので、③までを行なう必要がある。
　アセスメントは、臨床家の力量が問われる、非常に専門性の高い介入のプロセスである。場面緘黙児に、この検査をすれば必要な情報はすべて揃う、というようなアセスメント・バッテリーは存在しない。その子の実態やその子を取り巻く環境などに応じて、どんな情報を収集するかも変わってくる。筆者は知能検査はすべての場面緘黙児に行なう必要はないと考えているが、知的能力の問題がその子の状態に大きく影響していそうだということが明らかになってくれば、丁寧に情報を収集しなければならない。

(2) 生態学的アセスメントの考え方

　子どもの発達支援の領域において近年その重要性が強調されているのが、「生態学的アセスメント」の考え方である。生態学的アセスメントとは、その子自身の知的能力や認知特性だけでなく、その子を取り巻くさまざまな環境や、その環境との相互作用の在り方について評価し、介入方法を考えることである。
　場面緘黙を理解するための視点として第 1 章では ICF（国際生活機能分類）について述べた。ICF の考え方の大きな特徴は、生活機能を個人内の疾患や機能の問題だけでなく、環境因子や個人因子との相互作用によって捉えるという点であった。人は置かれている立場や周囲の環境と無関係に生活することはできず、自分を取り巻くさまざまなものから影響を受け、そして周りにさまざまに影響を与えながら生活している。特に幼児期や学齢期の子どもでは、周囲の環境との相互作用がその発達の経過にも大きな影響を及ぼす。このような環境因

子との相互作用についての情報は、知能検査で得られる数値よりも価値があるものである。

　場面緘黙児の抱えている問題は、その子の生活している環境の中でのみ解決できるものである。場面緘黙児への生態学的アセスメントは、「休み時間をどんな風に過ごしているか」や「仲の良い友だちと遊ぶ様子」がありありと思い浮かぶようでなければならない。

（3）アセスメントの流れ

　場面緘黙児のアセスメントと支援計画の作成及び実施の流れを示した（図5-1）。これらのうち④を除く①〜③および⑤がアセスメントにあたる部分である。

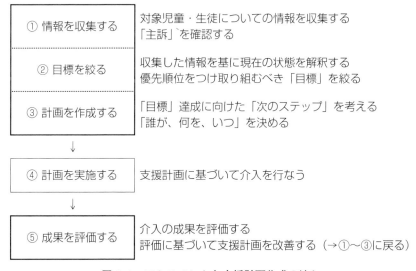

図 5-1　アセスメントと支援計画作成の流れ

（4）誰が行なうのか

　学校における支援計画作成の主体は教師であるが、アセスメントと計画作成から見直しと評価に至るまでの一連の手続きは、すべて保護者と協働して行な

う必要がある。残念なことに、学校と保護者の間で適切な連携が図れておらず、保護者が個別の指導計画が作られていることを知らないというケースもある。しかし、保護者抜きでは適切な支援計画を立てることはできない。

また年齢によっては、支援計画作成に本人も参加すべきであろう。小学校高学年なら自分の意思やできそうなことを自分自身で言語化することは十分可能だし、何より本人の意思がなければ介入を効果的に進めることが困難になる。

II　ICF 関連図を活用した場面緘黙児のアセスメント

生態学的アセスメントにおける情報収集は、ICF の視点から行なうことが有効であると筆者は考えている。ICF の概念を具体的な表の形式にしたものを ICF 関連図と呼ぶ。ICF 関連図は決まった様式があるわけではないので、実態に応じて必要な情報を過不足なく収集すればよい。

筆者が独自に作成した ICF 関連図に基づいたアセスメントシートを掲載した（図5-2）。ICF 関連図を用いることによって、まだ収集していない情報が何かがわかりやすくなり、必要な情報を効率良く集めることができる。ただし、機械的にこれらの項目をすべて埋めることが目的ではないし、どこの部分の情報に重きを置くべきかは一人ひとり異なる。

(1)【生育歴】

出生からの現在までの育ちの過程における特記事項を記入する。場面緘黙の症状に関しては、家庭と園・学校の双方の様子のうち特徴的なものを時系列的に収集しておくとよいだろう。特に悪かったり軽減していたりした時期とその時の様子については、解釈や支援計画作成の際の手がかりとなる。

また、発達や医療に関わる情報だけでなく、転居や不登校、いじめのような育ちの過程における特記事項があれば書いておくとよいだろう。生育歴としてどんな情報を収集しておくべきかは、場面緘黙児の状態によっても年齢によっても異なる。高校生の場合、現在の様子だけではその子の力は測りづらいので、幼児期や児童期の様子がわかればその子の本来もっている力を推測するの

第5章 アセスメントと支援計画の作成　167

【生育歴】	【主訴】	氏名		生年月日	
0歳		学校・学年		作成日	
		参加者			

【活動・参加】

<家庭>　<その他>　　　　　　　　　　　<学校>

話すこと　　　　　　　　　　　　　　　話すこと（人・場所・活動）

→現在　　話すこと以外　　　　　　　　　　　話すこと以外

【健康状態】
【心身機能・身体構造】
□不安・恐怖

□知的能力・認知

□ことば

その他

□書字・創作

□表情・非言語

□動作・態度

【環境因子】　　　　　　　　　　　　　【個人因子】＜主体・主観＞

人　　　　　　　　　　　　　　　　　本人の願い（話したい気持ちなど）

　　　　　　　　　　　　　　　　　　保護者の願い

その他　　　　　　　　　　　　　　　その他

考えられること

目標・できそうなこと・してみること　　今後の計画（誰が、何を、いつ）

場面緘黙アセスメントシート試案2016ver.3.1（長野大学　高木潤野）

図5-2　ICF関連図を基にしたアセスメントシート

に役立つかもしれない。

　ただし、生育歴は保護者の回想によるものが多い。人間の記憶は時間が経つと誇張されたり改変されたりする傾向がある。園や学校で作成したケース記録や引き継ぎ資料があれば活用すべきだし、入手が可能であれば母子手帳や乳幼児健診のカルテも参考になることがある（1歳半健診ではまだ有意味語がなかった、人見知りが強かったなど）。

（2）【健康状態】【心身機能・身体構造】

　場面緘黙の背景にある医療的な問題や、不安・恐怖、知的能力、言語能力などは、人によってさまざまである（第1章参照）。「不安・恐怖」に関してはほとんどの場面緘黙児に共通する問題であるため、丁寧に情報を把握しておく必要がある。それ以外については、該当する内容をすべて詳細に把握する必要はなく、関係がありそうなものだけ適切に把握できていればよい。

● 不安・恐怖

　不安や恐怖を感じやすい場面（対象や状況）については詳細に把握しておく。「教室の集団が苦手」「大人の男性だと緊張する」「見られている感じがする」のように対象や状況を明確に記入しておくとよいだろう。不安の強さを詳細に評価する場合は、かんもくネットの公開している「安心度チェック表」が使いやすい（かんもくネット，2008）。また不安や恐怖を感じやすい場面だけでなく、どのような場面だったら安心して過ごせるか（本来の力を発揮できるか）も書いておく。

● 知的能力・認知

　知的発達の遅れや自閉症スペクトラム（ASD）があれば詳細な情報収集が必要である。知的能力の問題は、算数・数学の理解や漢字の習得状況で見つけやすい。小学校低学年で1学年以上の遅れ、高学年で2学年以上の遅れがあれば、知的障害を疑う必要があるだろう。ただしLD（学習障害）の可能性や学習の積み重ねの問題（クラスに入れない、不登校など）もあるため、判断は慎重に行なう。日記や学習のプリントなどの記録、絵や習字のような掲示物からも知的能力の問題に気付けることがある。

ASDが疑われる場合は、家庭での様子を詳細に検討するとよいだろう。生育歴の情報で過去にASDの診断を受けていることもあるが、その診断自体が本来の力を発揮できている状態のものでなければ、正確な判断は難しい。家庭での様子を動画で観察し、ASD傾向が見られるかを評価してみるとよい。

ASDがあることがほぼ確実な場合、その特性に関わる情報について詳細な情報を記入する。また【活動・参加】について、家庭や学校で見せているどの部分にASDの特性が関わっているかも検討し、書いておくとよいだろう。

● ことば

日記や作文は、言語能力を把握する際の重要な資料となる。促音「っ」や長音「ー」の誤り（「サッカー」→「サカー」）、拗音や濁点の誤り（「ゆうしょう」→「ゆうしゅう」）、よく似た音の誤り（「ランドクルーザー」→「ダンドクルーザー」）などが見られることがある。ただしこれらは、「書く力」に由来している可能性と、「音韻」に対する意識や表象に問題がある（音の区別が付いていないなど）可能性とが考えられる。

書いたものと併せて、録音した音声を確認するのがよいだろう。構音の完成は遅い子だと6、7歳くらいであるため、幼児や小学校低学年だとまだ構音が未熟なこともある。しかしそれが正常な構音発達の過程に見られる獲得途中の誤りなのか、それとも構音発達の過程では生起しない誤りなのかによって、対応は変わってくる。構音の誤りが認められる場合は、ことばの教室担当者や病院のSTなどの専門家に確認してもらうとよい。

発話の非流暢性も幼児期には比較的多くの子に生起する。7〜8割は自然に改善するが、吃音症状が持続する子もいる。また吃音症状は学齢期であればほとんどの子が自覚があるので、言語症状だけでなく認知に関わる部分も情報を把握しておけるとよいだろう。

文法については、書きことばでの評価の方が適している。日本語は、会話では主語や助詞を省略することが可能であり（「学校行った？」「ご飯食べない」のような文法的に完全ではない発話も「正しい」と解釈されるし、むしろ「あなたは学校に行った？」「ぼくはご飯は食べない」のように主語や助詞をすべて入れると、会話ではおかしな感じになることが多い）、家庭での会話では目的語や述語が省略されても成り立っ

てしまう。基本的な文法能力は幼児期には完成するので、小学校低学年でも助詞や活用の誤りが頻出していれば、何らかの問題がある可能性を考えた方がよいだろう。その他、文のパターンのバリエーション（日記が毎回同じパターンの文でしか書けていない）や語彙の豊富さといった側面から、言語能力の問題に気付けることがある。

（3）【活動・参加】

　ICFでは活動と参加は異なる生活機能の水準だが、厳密に分けるよりも合わせて考えた方が生活の実態を捉えやすい。正しく分類することが目的ではないので、ある行動が「活動」に分類されるのか「参加」に分類されるのかで迷うようなことになれば本末転倒である。このため、本書では【活動・参加】としてまとめた項目にしてある。

　【活動・参加】の状況が場面によって異なるのが場面緘黙の特徴であるため、〈家庭〉と〈学校〉はそれぞれ別になっている。家庭はその子の本来の姿、学校は場面緘黙状態を表していることが多い。保護者からの聞きとりだけでなく、家での様子を写した動画を見ることができるとより理解が進む。〈その他〉には家庭と学校以外の生活の場（家族での外出、学童保育や習い事、塾、病院、親の知人との関わりなど）についての情報を記入する。これらの情報は、家庭と学校との中間として、「人」「場所」「活動」を広げる際の計画の作成で活用できる。

●話すこと（発声やその他のコミュニケーションも含む）

　支援計画を立てる上で最も重要な情報が「話すこと」である。場面緘黙であっても学校で声が出せる相手はいることが多いし、同じ相手でも「場所」や「活動」によって話し方が異なる。また話すことに限定せず、非言語的なコミュニケーションや、他者との関わり方についても把握しておく。携帯電話を持っておりメールなどができる場合は、そこでのコミュニケーションの様子がわかれば書いておくとよいだろう。

　実態把握にあたっては、相手ごとに、いくつかの場面に分けて、それぞれの様子を書いておくとよい。○ちゃんとは教室では話していないが通学路では普

通に会話をしている、といった情報は、支援計画を立てる際の有力な手がかりとなる。また会話以外に、音読や日直などで声を出す場面の様子も把握する。

　学校では話せないが塾では声が出せる、というようなこともあるだろう。〈その他〉についても「歯医者では小声で話せた」「買い物では知っている人がいると固まる」のように場面ごとに情報を記入しておくとよい。

◉話すこと以外

　子どもの学校での生活は「話すこと」だけではないし、他に困っていることや解決すべき問題があることも多い。特に学校生活の中で困るのは遊び、行事への参加の仕方、係活動、委員会、クラブ活動などであろう。

　その際、できないことだけに注目せず「できていること」「できそうなこと」も記入しておくとよい。「休み時間はよく鬼ごっこをする」「元気に遊ぶ」「プールが楽しい」「授業で手を挙げる（発言はしない）」のような情報があれば、支援計画を立てる際に役に立つ。

◉表情・非言語、動作・態度

　「社会的場面におけるコミュニケーションが成り立つための階層構造（河井・河井，1994；第1章参照）」における「第1の水準」および「第2の水準」である。「姿勢が硬直」「授業中ずっと体が緊張」「ノートを開いたり道具を取りに行ったりできない」「休み時間は表情が豊か」のように書いておく。

◉書字・創作

　書字や絵画の創作といった何らかの表出が求められる場面の様子を記入する。書字の場合、板書や教科書ような「写す」ことと、自分で「考えて書く」ことがある。また場所や活動によって、「誰も見ていなければ書ける」「個室なら絵が描ける」「自由に描いて、と言われると何も描けない」のように書いておくとよい。

（4）【環境因子】

　「人」は、支援計画を立てる際の発話場面を構成する3つの要素の1つである。【活動・参加】の情報と対応させて、関わりのある人についての情報を詳細に把握しておく。ここではなるべく具体的な人名を挙げて書いておくとよ

い。家族構成と学校内の人間関係だけでなく、親戚や地域の人、塾の先生なども対象児との関係によっては重要な資源となる。

「人」以外の環境因子にもさまざまなものがある。その子が日常的に関わる環境としては、特別支援学級や相談室のような学校内の資源、家庭の環境、地域の資源などがある。また場面緘黙にとって重要なのは、「中学校には何校から進学するか」「どこの高校に通えそうか」「入試はいつ・どのように行なわれるか」「交通手段」などの、これからの環境の変化に関わる情報である。もちろんこれらすべてを正確に網羅する必要はなく、学校や地域の実態、必要性に応じて検討し、記入しておけばよい。

(5)【個人因子】

本人の「〜ができるようになりたい」「〜になりたい」といった願いや気持ちは〈主体・主観〉と呼ばれる。第3章で場面緘黙児の抱える悩みについて述べたが、悩みと言っても「話せるようになりたい」「〇〇ちゃんとしゃべりたい」のような場面緘黙に関わることだけではない。話すことに限定せず、「その人らしさ」というのがどのような姿として描かれるかを引き出すことが大切である。

とは言え、場面緘黙児本人から直接〈主体・主観〉を引き出すのは難しいかもしれない。また場面緘黙状態であることも同時に本人の〈主体〉であり、年齢が高くなるほどそれは本人自身と不可分に結びついていく。「話せなくてもいい」という思いがあればそれも本人の一部だし、しかしそれがことば通り本人の真意だとも限らない。さらに、それは発達の過程で常に変化しうるものでもある。単にそのとき表面にでてきたものだけを〈主体・主観〉と捉えず、時間をかけて丁寧に読み解いていくことが大切である。

この他、趣味、価値観、ライフスタイルなどで大切なものがあれば記入しておく（将棋が好き、自転車が好き、鉄道が好きなど）。特に、好きなものや得意なものは支援計画を立てる際に活用しやすい。

（6）【主訴】

【個人因子】と対応させて、本人や保護者から「困っていること」「できるようになりたい（させたい）こと」について述べてもらう。

主訴は初めに検討しておいてもよいが、ある程度情報収集が進んでからの方が、目指す姿や現在の問題が明確になり、検討しやすい。当初はただ漠然と「話せるようになってほしい」と考えていたが、共通理解を進めるうちに「まずは毎日決まった時間に学校に行けることが大切」となるといったように、主訴だと思われていたことが変化することもある。

Ⅲ　支援計画の作成と介入後の評価

（1）現在の状態を解釈する

ここまでの情報を丁寧に収集することができれば、その子の抱えている問題の本質的な部分や、これからの支援や介入にあたっての大まかな方向が見えてこないだろうか。収集した情報を基に、その子の現在の状態を解釈しておくことが大切である。

緘黙症状が発現したもともとの原因よりも、現在の緘黙状態を持続させている要因を推測することの方が大事である。「不安や緊張が強い」ということの他にも、「その他の不安障害がある」「話さない子と見られている」「友だちがいない」「話さなくても困らない状態になっている」「話したいという意欲がない」「自閉症スペクトラムの症状がある」「知的能力の低さが関わっている」「吃音が影響している」など、さまざまなものが考えられる。もちろんこれらのうちのいずれか1つではなく、複数が影響していると考えた方がよいだろう。

（2）目標を絞る

【主訴】や【個人因子】には本人・保護者のさまざまな願いが込められている。その中から具体的に取り組むべき目標を絞り込むことによって、効果的な介入につながりやすくなる。

目標を絞る理由の1つは、目標によっては相反することが要求されるためである。「毎日学校に通ってほしい」と「教室で2時間以上過ごしてほしい」という2つの願いがある場合、前者に対しては「教室に入らなくてもいいから、とにかく学校においで」というアプローチをすることになるが、後者は「来たからには教室に入るようにがんばってみよう」というアプローチをすることになる。「教室に入らなくてもいい」と言うから勇気を振り絞って何とか学校まで来たのに、来たら来たで「教室に入れ」と言われてしまっては、ますます学校に足が向かなくなるだろう。目標は曖昧にせずに、重要度や実現可能性から取り組むべきものを明確にして、関係者間で共有しておくことが必要である。

　目標の優先順位は、支援計画の根幹に関わる課題となることもある。場面緘黙児に対して不適切な関わりをしてしまっているケースの中に、優先順位のつけ方が間違っているものがある。例えば、分離不安があって母親から離れられない年少の幼児に「この先もずっと母親と一緒にいられるわけではないから」という理由で母子分離を強制してしまうケースがある。長期的な目標としては確かに母子分離は必要かもしれないが、それは今すべきことではないだろう。長期的には母子分離が目標になるとしても、まずは母親と一緒でよいから、園で安心して過ごせるようになることを目指さなければならない。

　同じように、「将来話せないといけないから」「返事ができないと困るから」のような理由で、小学校低学年のうちから話すことを強制するような指導が行なわれてしまうこともある。この場合は、まずは教室で安心して過ごせて、動作・態度や感情・非言語が表出できるようになることの方が、優先順位は高いだろう。

　ところで、ケースによっては目標を明確に定めないで介入を行なうこともある。特定のことができるようになるのを目指すのではなく、生活のさまざまな側面で話せる「人」「場所」「活動」を広げていくという考え方である。このように、できそうなことはいろいろやってみるというやり方がうまくいくこともある。

　比較的短い期間でよい方向への変化が見られている場合は、環境調整をするだけにしてあとは本人の力に任せ、具体的な介入は行なわないということもあ

る。ただしこれは「様子を見ましょう」という「放置」につながる危険もある。期間を区切って進み具合を評価することを忘れてはいけない。

（3）計画を作成する

　優先順位の高い目標が決まったら、その目標の達成に向けた具体的な計画を作成する。目標に向けては、「できること」を少しずつ積み重ねていくことが大切である。このため、計画を立てる際には「できそうなこと（次のステップ）」は何かを検討する。

● 「人」「場所」「活動」を組み合わせを替える

　「できそうなこと」を考えるには、「人」「場所」「活動」の組み合わせを少し替えてみるとよい（第4章「Ⅲ　話せる場面を広げる方法」参照）。例えば、「友だちと学校で遊ぶことはできているが声は出せていない」であれば、場所を替えて「友だちと家で遊べば声が出せるかもしれない」のように考えることができる。3つの要素の中では特に「人」に左右されるため、【活動・参加】および【環境因子】に関わる対人関係の情報（話せるか、話せそうか）をしっかり把握しておくことが重要である。

● 「スモールステップ」

　場面緘黙の支援計画は「スモールステップで」と言われることが多い。スモールステップというと階段がイメージされやすいが、階段のようにゴールまでの計画を最初から入念に立てておく必要はない。むしろ、今の状態を基準に次のステップだけを考え、状況に応じて柔軟に計画を変更しながら、「できること」を少しずつ積み重ねることが大事である。

● 「誰が、何を、いつ」

　目標達成に向けた「できそうなこと（次のステップ）」を現実に即して考えることができたら、それに取り組むために「誰が、何を、いつ」するかを決める。ここを明確にしておけば、「目標を決めただけ」「話し合いをしただけ」という事態を防ぐことができる。「担任と週に1回○曜日の放課後に教室で1対1で過ごす時間を作り、音読の練習に取り組む」のように、役割を明確にしておく。

また、「確実に実行することができる計画か」ということも意識しておく必要がある。子どもも保護者も教師も、現実的な制約の中で生活している。特に、教師の仕事は極めて多忙であり、1人の子に毎日時間を割くというのは現実的には難しいだろう。使える資源をしっかりと把握し、明日から確実に実行可能な方法を考えなければならない。

（4）計画を実施する／成果を評価する

介入と評価と見直しは、「誰が、何を、いつ」するかと併せて考えることができる。ある程度の介入や支援を行なった段階で実施状況の見直しを行ない、計画を修正しなければならない。

場面緘黙児への介入において、計画がうまく進んでいるというのは、現状維持ではなく何らかの変化があるということである。介入の結果、話せる「人」や「場所」が広がったら、また次のステップを考えなければならない。反対にうまくいっていなければ、その計画自体が見直しの対象になる。また、「夏休み中に教室で話す練習をするつもりだったのに、保護者の都合で1回も行けなかった」のように、そもそも計画した内容が実施できなかったという場合もある。これは「誰が、何を、いつ」に無理があったということだから、やり方を見直さなければならない。

つまり、計画の進捗状況に関わらず、評価と見直しは必要になるということである。これを適切な頻度（3日に1回のこともあるし、3ヵ月に1回のこともある）でくり返すことで、目標の達成に着実に近づくことができる。

（5）個別の指導計画と個別の教育支援計画

作成した支援計画は、特別支援教育における公式な文書である個別の指導計画および個別の教育支援計画の一部として位置付けておくことが望ましい。個別の指導計画は主に学校における教科などの学習に関わることがらについてのもの、個別の教育支援計画は乳幼児期から高校卒業後までの長期的な視点で支援や関係機関と学校との連携について書かれたものである。特別支援学校に在籍する児童・生徒に対しては作成が義務となっているが、それ以外の児童・生

徒に対しては作成が義務づけられていないため、作成していない学校もある。

　個別の指導計画・個別の教育支援計画との関係を明確にすることの最大の目的は、学校における支援の継続性を確保するためである。学校教育における担任教師の影響は大きく、たまたま場面緘黙に詳しい教師が担任した、といった支援者個人の力量や努力に左右されやすい。うまく進んでいる介入でも、学年が替わることでもとに戻ってしまうということにもなりかねない。支援計画の位置付けを明確にすることで、そのような事態を回避することができる。

　また関係機関との連携にあたっても、情報共有のツールとして活用することができる。作成した支援計画は支援会議などの機会に積極的に活用するとよいだろう。

Ⅳ　知能検査の考え方

（1）知能検査は必須ではない

　場面緘黙のアセスメントにおいて、知能検査は必ずしも実施しなければならないものではない。場面緘黙の特性から適切な実施が困難であるし、知能検査で得られる情報のうち場面緘黙の支援や介入に役立つものがあまりないためである。

● 適切な実施が困難

　知能検査は、対象となる子どもが十分に能力を発揮したという前提で行なうものである。しかし場面緘黙児はその特性上、対人的な場面で能力を発揮するのが難しい。本来の力を出せていないのにその数値をその子の能力として採用するのは、正しい知能検査の使い方とは言えない。

　特に、ウェクスラー式知能検査のように統計的に処理して個人内差を算出するタイプの知能検査は注意が必要である。正しい方法で実施できていない項目があると、「個人内差」という考え方が意味をなさなくなってしまうためである。

　WISC-Ⅳの場合、言語理解（VCI）の3つの下位検査はいずれも話しことばでのやりとりが要求される。筆談での実施もあり得るが、筆談では言語表現の

量や質が乏しくなる。回答によって点数が変わる問題では、家で同じことを聞かれたら満点の回答ができるのに、慣れない心理士が相手であったために不十分な答えしかできなかった、ということも考えられる。これでは「言語理解」を測っていることにはならない。

　ワーキングメモリ（WMI）や処理速度（PSI）も場面緘黙の影響を受ける可能性がある。数唱や語音整列は短期記憶の要素が大きく、回答に時間がかかれば正答数が少なくなる。またワーキングメモリという概念から考えれば、不安や恐怖という認知的負荷も成績を抑制する要素となるかもしれない。

　符号や記号探しは、いずれも時間内での作業の速さが得点に結びつく下位検査である。ことばの表出がなく行動面も抑制のある場面緘黙児が、処理速度の課題だけ100％の力を発揮して次々に作業をこなしていくということはないだろう。

●介入に役立たない

　知能検査が必須ではない理由としては、得られる情報が介入に役立たないことの方がむしろ大きい。アセスメントにおいてはさまざまな情報を収集するのは大切なことであるが、知能検査は場面緘黙児への具体的な介入方法には結びつきづらい。

　対象児のおおまかな知的能力の水準を把握したい場合はどうだろうか。知的障害が明らかな場合は、知能検査を使わなくても学習面や行動面からある程度の判断ができる。小学1年生であっても、読み書きや計算の能力、家庭での様子や生育歴を丁寧に見れば、知的能力の水準は概ね推測できる。IQ70前後だと学習面や行動面からは判断が難しいこともある。その場合は、知能検査をしたとしても正確な数値が得られないため、判断の根拠となる情報とはならないだろう。

　もちろん、WISC-Ⅳなどの知能検査で測定できるような認知機能の個人内のばらつきが、その子の場面緘黙状態やその他の学習・行動面の困難さに関わっていることが予想されるならば、支援計画の作成にあたっての有力な情報となる。その場合、十分なラポートを形成し、担当者と話しことばによるコミュニケーションが行なえる状態になった上で実施するのが望ましい。スクー

ルカウンセラーなどが学校に巡回し、ほぼ初対面の状態で知能検査を実施してしまうこともあるが、その子の知的能力を不当に低く評価することになるので慎重でなければならない。

　筆者の経験では、知的な遅れはないにも関わらず、知能検査の結果が低く出てしまったので学校が知的障害の特別支援学級を保護者に勧めたというケースもある。知能検査は使い方を誤れば差別や人権の侵害に結びつくものであるということを、専門家はよく認識しなければならない。

● 知能検査によらないアセスメントを

　特別支援教育の制度の浸透に伴って、知能検査が使われる場面が増大した。筆者が関わったケースの中には、「特別支援教育の対象だから」という理由で目的もなく安易に知能検査が実施されたケースも少なくない。相談を受けた相談機関のスタッフが、有効な助言ができないので「取りあえずWISC-Ⅳを受けてみませんか」と知能検査を勧めたというケースもある。知能検査は明確な仮説や目的がある場合に活用すべきものであって、そうでなければ安易に実施するのは避けなければならない。

　臨床上重要なのは知能検査の数値ではなく、その子の現実の生活の姿である。さまざまな角度から十分な生態学的アセスメントを行ない、適切な支援や介入を考えなければならない。知能検査を行なったことでその子のことがわかったつもりになってしまうようなことがあれば、むしろ弊害が大きいと言えるだろう。

（2）知能検査を実施する場合

　知的能力の水準を把握するために、学習状況や生育歴などの情報を補完する目的で検査を実施する場合、描画によって知的能力の水準を推測するグッドイナフ人物画知能検査（DAM）か、田中ビネー知能検査Ⅴあるいは新版K式発達検査2001の使用が望ましいと筆者は考えている。

　DAMは3〜10歳を対象とした知能検査で、話しことばの表出を要求しないことが大きな特徴である。短時間で実施することができ、大まかな知的能力の水準を把握することが可能である。

後者の2つは知的能力や発達をさまざまな検査課題を通じて多面的に評価する検査であり、到達度評価（絶対評価）によって精神年齢や発達年齢を算出する。WISC-ⅣやKABC-2のような統計処理を用いた相対評価ではなく、一つひとつの課題の通過・不通過が臨床的に価値のある情報となるため、100%の力が発揮しきれていなかったり、実施できない課題がいくつかあったとしても、「ここまでは確実に通過している」「この課題の取り組み方は○○だった」という情報が得られる。これは、教室の廊下に飾ってある作文や絵と同じように、知的能力に関する重要な情報を与えてくれることがある。

おわりに
自分らしくあること
―文化としての場面緘黙―

　場面緘黙の問題の1つは、「居心地の悪さ」だと考えています。
　現代の日本の社会は過剰にコミュニケーションが求められており、愛想よく誰とでも話せることがよしとされています。話しことばだけでなく、メールやSNSを使ったコミュニケーションも同じで、無愛想にしていることはあまり歓迎されません。だから話さないでいるのは、とても居心地が悪いことです。
　場面緘黙は不安障害の1つで、不安や恐怖によって話したくても話せない状態になってしまっている、と考えられています。本書も基本的にはそのような視点から、家庭で見せるその子の姿を学校でも発揮できるようになることが大切だ、と書きました。
　ですが、場面緘黙の子たちと関わっている中で、「この子らしさ」とは一体どういうものだろうと考えることが度々ありました。学校では緘黙状態になってしまっているのに家では饒舌だというある子の場合。「友だちとは話せるし、今のままで困っていない」という話を聞くと、家での姿も学校での姿も、どちらもその子自身のありのままの姿なのではと思ってしまいます。また場面緘黙の子たちの中には「もともと無口」「人との関わりがあまり好きではない」という子もいます。「学校で話せるように」という関わりは、余計なお世話なのではと思ってしまうこともあるのです。
　そういう子たちにとっての問題が、冒頭に述べた「居心地の悪さ」です。本人は別に話したいと思っていなくても、周りは話すことやコミュニケーションを求めてきます。周りの期待や要請に応えないでいることは、多くの人にとってはとても居心地の悪いことです。これは何も場面緘黙の人だけではありません。世の中にはそのように、無口でいたいのに、無口でいることに居心地の悪

さを感じている人は少なくないと思います。

実は私自身もそうです。本当に話したいときとか、親しい相手と話すとき以外は、余計なことは話さずにいたいと思っています。相手を嫌っているわけではなくても、ただ黙っていたいのです。そういう時、周りから見ると機嫌が悪いように見えることもあります。だから仕方なしに愛想をよくすることがあります。そして、そういうことをしている自分が嫌になります。

以前、旅先でたまたまつけたテレビで映画監督の宮崎駿さんが、「ぼくは不機嫌でいたい人間なんです」というようなことをおっしゃっていました。前後の文脈など詳しいことは覚えておらず、発言の意図もわからないので間違った解釈かもしれないですが、「不機嫌でいたい」というのは無口でいたいのと似ているのではないかと思います。他人に合わせて愛想よくしていたくない、ということでしょうか。もう少し言えば、「自分らしくあることを邪魔されたくない」ということではないかと思います。

この本では、「その人らしさ」の大切さを強調してきました。場面緘黙は話せないことではなく、本来の力やその人らしさが発揮できないことが問題なのです。そして、その人らしさ発揮の障壁となるのは社会（特に学校）です。どんな子が「よい子」なのかを測る物差しは、常に社会の側にあるのです。

この物差しから自由になれれば、場面緘黙の子たちも、そうでない子も、もう少しその人らしく生きやすくなるかもしれません。無口でいたい人が、無口でいながら居心地の悪さを感じないで過ごせるという文化（社会の空気）があったらなと思います。そういう点では、本書は少し「治療」寄りに書いてしまったことが悔やまれます。もしまた機会があったら、場面緘黙を「文化」として捉え直し、「場面緘黙の人たちがもっと楽に生活できる学校・社会とは」というような視点から、本を書いてみたいなと思っているところです。

私の最初の職場は東京都内の養護学校（当時）で、言語指導を担当する自立活動専任教員として勤務しました。そこで初めて、文献でしか知らなかった場面緘黙の子に出会ったことが、私の関心を場面緘黙に向けてくれました。その子のクラスで「注文の多い料理店」の授業を試行錯誤しながら行なったことを

覚えています。小学校で働いていたときに出会った場面緘黙の子も印象的でした。池袋の大きな書店に場面緘黙の本を探しに行き、日本における研究の少なさに気付いたことが、私を場面緘黙研究の世界に導いてくれました。

　それから現在まで、何百人もの場面緘黙当事者や保護者の方、そして多くの支援者の方と会う機会がありました。私のところに相談にくるのは、保護者や園、学校だけでは対応が難しいケースが多いのだろうと考えています。だから、今でも何が正解かわからず、日々悩みながら対応を考えています。そしてその中で多くのことを教わり、また考え、発見がありました。それは、頭の中に「場面緘黙ってどういうもの？」という地図が描かれる過程であったと思っています。まだまだこの地図は完成にはほど遠いですが、少なくとも当時の私が書店でこの本を見つけたら、それなりには役に立つ内容が書かれている本になったのではないかと思っています。

　本書は、主な読者として学校の先生を想定して書きました。もちろん保護者やそれ以外の方にも読んでいただけたら嬉しいですが、学校の先生が実践するという視点で書いてしまったことをご容赦ください。また、心理療法については、筆者の力量不足でほとんど述べることができませんでした。特に行動療法や認知行動療法については他に良書がありますので、本書は「学校で、先生が行なう」という点に絞りました。そしてもう1点、成人期の場面緘黙当事者についても言及することができませんでした。成人期の場面緘黙当事者についての研究・支援は、重要な課題であると考えています。

　本書の執筆にあたっては、多くの人に感謝を申し上げる必要があります。
　まず誰よりも先に、これまで私に場面緘黙について多くのことを教えてくれた子どもたちにお礼を言いたいです。それから、同じように多くのことを教えてくれた保護者の皆さま、場面緘黙当事者や経験者の皆さま。一人ひとり名前を挙げることができないのが残念ですが、皆さんに教えてもらったことを何とか本にすることができました。どうもありがとうございます。
　併せて、わが国における場面緘黙支援や啓発活動で先駆的な役割を果たしてきた「かんもくの会」および「かんもくネット」の皆さま、それから「つぼみ

の会」「ゆりの会」はじめ親の会や、当事者、支援者の会の皆さまにも、多くのことを教えていただきました。さらに 2013 年には、上記の関係者や研究者の協力によって「日本緘黙研究会」を設立することができました。日本緘黙研究会では、シンポジウムや会の運営などにおいて、新しい発見や気付きがありました。それぞれの関係者の皆さまに御礼申し上げます。

学生時代からの恩師である東京学芸大学の伊藤友彦先生には、初めて大学で言語障害を勉強し始めたときから、非常に多くのことを教わりました。言語の獲得や使用、障害を捉えるための枠組みは、私が場面緘黙について考えるときの重要な基盤になっていることを感じています。

また本書の内容には、これまで私のゼミで研究してきた内容も多く含まれています。特に、ICF を用いた場面緘黙のアセスメントを卒論で扱った廣瀬まりあさん、吃音のある場面緘黙児の研究を行なった金井毬衣さん、幼児の緘黙状態への意識の発達について研究した船戸映見さん。皆さんのおかげで本書の内容をより豊かなものにすることができました。

本書の作成にあたっては、育休をはさんでの執筆になってしまい、当初の想定よりも遥かに時間がかかってしまいましたが、学苑社の杉本哲也さんには多くのご支援をいただきました。どうもありがとうございます。

最後に、学部時代から言語障害を共に学ぶ仲間であり、場面緘黙研究の研究仲間でもある臼井なずなさんに感謝申し上げます。仕事のかたわら、研究の協力だけでなく、子どもたちが絵の具で床や机にベチャベチャ落書きする中、本書のイラストを描いてくれて、どうもありがとう。

高木潤野

※本書における研究成果の一部は、公益財団法人ユニベール財団「平成 25 年度研究助成」および、公益財団法人博報児童教育振興会「第 11 回　児童教育実践についての研究助成」の助成を受けて行なわれたものである。

文　献

【はじめに】

McHolm, A. E., Cunningham, C. E., & Vanier, M. K.（2005）*Helping your child with selective mutism.* 河井英子・吉原桂子訳（2007）『場面緘黙児への支援―学校で話せない子を助けるために―』田研出版.

Sage, R. & Sluckin, A.（2004）*Silent children: approaches to Selective Mutism.* 杉山信作監訳，かんもくネット訳（2009）『場面緘黙へのアプローチ―家庭と学校での取り組み―』田研出版.

Kearney, C. A.（2010）*Helping children with Selective Mutism and their parents: a guide for school-based professionals.* 大石幸二監訳，松岡勝彦・須藤邦彦訳（2015）『先生とできる場面緘黙の子どもの支援』学苑社.

Whealen, K., Stauton, S., & Murtagh, A.（2016）Characteristics of children with Selective Mutism attending a CAMHS clinic. *Programme and abstract book: 30th World Congress of the IALP*, 341.

【第1章】

髙橋三郎・大野裕監訳（2014）『DSM-5 精神疾患の分類と診断の手引き』医学書院.

久田信行・藤田継道・高木潤野・奥田健次・角田圭子（2014）「Selective mutism の訳語は「選択性緘黙」か「場面緘黙」か？」不安症研究, 6(1), 4-6.

Black, B. & Uhde, T. W.（1995）Psychiatric characteristics of children with selective mutism: a pilot study. *Journal of the American Academy of Child Psychiatry*, 34(7), 847-856.

Chavira, D. A., Shipon-Blum, E., Hitchcock, C., Cohan, S., & Stein, M. B.（2007）Selective mutism and social anxiety disorder: all in the family? *Journal of the American Academy of Child Psychiatry*, 46(11), 1465-1472.

河井芳文・河井英子（1994）『場面緘黙児の心理と指導―担任と父母の協力のために―』田研出版.

高木潤野（2015）「家庭における場面緘黙児のコミュニケーションの特徴」長野大学紀要, 36(3), 13-22.

堂野恵子（2011）「児童中期・後期の友だち集団関係性が社会的スキルの発達に及ぼす

効果（2）―性差の検討―」安田女子大学紀要，39，87-94.
Steinhausen, H. C. & Juzi, C. (1996) Elective mutism: an analysis of 100 cases. *Journal of the American Academy of Child Psychiatry*, 35(5), 606-614.
Schmidt, L. A. & Buss, A. H. (2010) In K. H. Rubin & R. J. Coplan (Eds.), *The development of shyness and social withdrawal.* 小野善郎訳（2013）『子どもの社会的ひきこもりとシャイネスの発達心理学』明石書店，30-51.
Coplan, R. J. & Rubin, K. H. (2010) In K. H. Rubin & R. J. Coplan (Eds.), *The development of shyness and social withdrawal.* 小野善郎訳（2013）『子どもの社会的ひきこもりとシャイネスの発達心理学』明石書店，8-27.
Coplan, R. J. & Weeks, M. (2010) In K. H. Rubin & R. J. Coplan (Eds.), *The development of shyness and social withdrawal.* 小野善郎訳（2013）『子どもの社会的ひきこもりとシャイネスの発達心理学』明石書店，77-99.
Dummit, E. S., Klein, R. G., Tancer, N. K., Asche, B., Martin, J., & Fairbanks, J. A. (1997) Systematic assesment of 50 children with selective mutism. *Journal of the American Academy of Child and Adolescent Psychiatry*, 36(5), 653-660.
金原洋治・鮎川淳子・坂本佳代子・冨賀見紀子・木谷秀勝（2009）「選択性緘黙23例の検討―発症要因を中心に―」外来小児科，12(1)，83-86.
Kristensen, H. (2000) Selective mutism and comorbidity with developmental disorder / delay, anxiety disorder, and elmination disorder. *Journal of the American Academy of Child & Adolescent Psychiatry*, 39(2), 249-256.
Kolvin, I. & Fundudis, T. (1981) Elective mute children: psychological development and background factors. *Journal of Child Psychology and Psychiatry*, 22(3), 219-232.
Manassis, K., Fung, D., Tannock, R., Sloman, L., Fiksenbaum, L., & McInnes, A. (2003) Characterizing selective mutism: is it more than social anxiety? *Depression and anxiety*, 18(3), 153-161.
Beitchman, J. H., Wilson, B., Johnson, C. J., Atkinson, L., Young, A., Adlaf, E., Escobar, M., & Douglas, L. (2001) Fourteen-year follow-up of speech/language-impaired and control children: psychiatric outcome. *Journal of the American Academy of Child and Adolescent Psychiatry*, 40(1), 75-82.
Blumgart, E., Tran, Y., & Craig, A. (2010) Social anxiety disorder in adults who stutter. *Depression and anxiety*, 27(7), 687-692.
金井毬衣・高木潤野（2015）「吃音のある場面緘黙児童1名に対する筆談を用いたコミュニケーションの指導」日本特殊教育学会第53回大会発表論文集．
上田敏（2005）「ICFの理解と活用　人が「生きること」「生きることの困難（障害）」をどうとらえるか」きょうされん．
西村修一（2014）『合理的配慮とICFの活用―インクルーシブ教育実現への射程―』ク

リエイツかもがわ．

【第2章】

中央教育審議会初等中等教育分科会（2012）「共生社会の形成に向けたインクルーシブ教育システム構築のための特別支援教育の推進（報告）」

西村修一（2014）『合理的配慮とICFの活用―インクルーシブ教育実現への射程―』クリエイツかもがわ．

文部科学省（2013）「教育支援資料」

文部科学省（2002）「障害のある児童生徒の就学について」

文部科学省（2009）「『情緒障害者』を対象とする特別支援学級の名称について（通知）」

Hayden, T. (1980) One child. 入江真佐子訳（2004）『シーラという子―虐待されたある少女の物語』早川書房．

はやしみこ（2011）『なっちゃんの声―学校で話せない子どもたちの理解のために―』学苑社．

教育課程審議会（2000）「児童生徒の学習と教育課程の実施状況の評価の在り方について（答申）」

【第3章】

McHolm, A. E., Cunningham, C. E., & Vanier, M. K. (2005) *Helping your child with selective mutism*. 河井英子・吉原桂子（2007）『場面緘黙児への支援―学校で話せない子を助けるために―』田研出版．

らせんゆむ（2015）『私はかんもくガール―しゃべりたいのにしゃべれない場面緘黙症のなんかおかしな日常』合同出版．

Chavira, D. A., Shipon-Blum, E., Hitchcock, C., Cohan, S., & Stein, M. B. (2007) Selective mutism and social anxiety disorder: all in the family? *Journal of the American Academy of Child Psychiatry*, 46(11), 1465-1472.

Black, B. & Uhde, T. W. (1995) Psychiatric characteristics of children with selective mutism: a pilot study. *Journal of the American Academy of Child Psychiatry*, 34(7), 847-856.

Cunningham, C. E., McHolm, A., Boyle, M. H., & Patel, S. (2004) Behavioral and emotional adjustment, family functioning, academic performance, and social relationships in children with selective mutism. *Journal of Child Psychology and Psychiatry*. 45(8), 1363-1372.

中央教育審議会（2015）「チームとしての学校の在り方と今後の改善方策について（答申）」

百瀬亜希・加瀬進（2016）「教員と福祉・心理専門職の連携に関する研究：双方の立場

から見えてくる連携上の課題を中心に」東京学芸大学紀要総合教育科学系，67(2)，21-28.
西山薫・川崎直樹（2011）「児童生徒に関わる専門職の連携に関する一考察（2）――地域の実態からみた工夫と課題―」北翔大学北方圏学術情報センター年報，3, 49-59.
文部科学省（2010）「生徒指導提要」
鈴木徹・五十嵐一徳（2016）「選択性緘黙児における状態像の違いが介入効果に及ぼす影響に関する文献的検討―1990年以降の個別事例研究を中心に―」発達障害研究，38(1)，100-110.
小澤武司（2014）「発達障害の支援における医療と教育の連携―連携ツールとしての個別の教育支援計画―」特別支援教育研究，697, 8-9.

【第4章】

伊藤友彦（1995）「構音，流暢性に対するメタ言語知識の発達」音声言語医学，36(2)，235-241.
伊藤友彦・辰巳格（1997）「特殊拍に対するメタ言語知識の発達」音声言語医学，38(2)，196-203.
伊藤友彦（2009）「メタ言語意識の発達研究と言語臨床：音韻面を中心に」コミュニケーション障害学，26(2)，83-94.
McHolm, A. E., Cunningham, C. E., & Vanier, M. K. (2005) *Helping your child with selective mutism*. 河井英子・吉原桂子訳（2007）『場面緘黙児への支援―学校で話せない子を助けるために―』田研出版．
文部科学省（2006）「通級による指導の対象とすることが適当な自閉症者，情緒障害者，学習障害者又は注意欠陥多動性障害者に該当する児童生徒について（通知）」
斉藤佐和子（1998）「コミュニケーション障害児の指導〈2〉―補助代替手段を用いて―」笹沼澄子監修『入門講座／コミュニケーションの障害とその回復 第1巻 子どものコミュニケーション障害』大修館書店．
藤野博（2009）「AACと音声言語表出の促進：PECS（絵カード交換式コミュニケーション・システム）を中心として」特殊教育学研究，47(3)，173-182.
金井毬衣・高木潤野（2015）「吃音のある場面緘黙児童1名に対する筆談を用いたコミュニケーションの指導」日本特殊教育学会第53回大会発表論文集．
竹田契一・里見恵子（1994）『インリアル・アプローチ―子どもとの豊かなコミュニケーションを築く―』日本文化科学社．

【第5章】

かんもくネット（2008）『場面緘黙Q&A―幼稚園や学校でおしゃべりできない子どもたち―』学苑社．

索　引

〈アルファベット〉
AAC　153
DSM-5　10
ICF　33, 117, 164
Selective Mutism　10
SSW　145

〈ア行〉
愛情不足　98
アセスメント　5, 61, 77, 89, 163
医学モデル　33, 119
インリアル・アプローチ　156
運動会・体育祭　73
音楽　74, 76
音楽・体育　69
音楽会　74
音読　65, 76, 128

〈カ行〉
学校行事　72
活動　34, 117
活動・参加　170
環境因子　35, 48, 157, 171
感情・非言語表出　15, 69, 142
緘動　15, 145
吃音　27, 133, 169
言語障害　27, 133, 146, 156
言語表出　15, 142
行動抑制　21
合理的配慮　43, 77, 85
個人因子　35, 172
ことばの教室　146
個別の教育支援計画　94, 147, 176
個別の指導計画　94, 147, 176

コミュニケーション障害　27, 151

〈サ行〉
参加　34, 117
試験　80, 84
指導要録　82
自閉症スペクトラム（ASD）　25, 138, 145
シャイネス　21
社会モデル　34, 117
修学旅行　74
受験　85
主体・主観　37, 172
障害者差別解消法　44, 85
情緒障害　45, 145
食事　62
書字　67
自立活動　145, 149
心身機能・身体構造　34, 168
診断書　85
スクールカウンセラー　104
スクールソーシャルワーカー　107
生活機能　33
成績　76
生態学的アセスメント　164, 179
選択性緘黙　10
相互作用モデル　35
ソーシャルスキル　26, 133, 139
その人らしさ　16, 37, 56, 118

〈タ行〉
体育　73, 76
チームとしての学校　103
知的障害　30
知能検査　163, 177

調査書　82
通級による指導　48, 145
通知表　82
転校　160
統合モデル　35
特別支援学級　47, 145
動作・態度表出　15, 69, 142

〈ナ行〉
日直　71, 128

〈ハ行〉
背景因子　35

排泄　64
発達障害者支援法　45
評価　76
氷山モデル　16
不安障害　111
不登校　15, 142

〈ヤ行〉
ユニバーサルデザイン　48
欲求階層説　49

著者紹介

【著者】
高木潤野（たかぎ　じゅんや）
長野大学社会福祉学部教授、博士（教育学）、公認心理師、臨床発達心理士
東京学芸大学大学院連合学校教育学研究科修了。東京都立あきる野学園養護学校自立活動専任教諭（言語指導担当）、きこえとことばの教室（通級による指導）などを経て現職。専門は言語・コミュニケーション障害。日本緘黙研究会事務局長。
上田市別所温泉在住。
takagi@nagano.ac.jp

【イラスト】
臼井なずな
信州かんもく相談室心理士、修士（教育学）、公認心理師、臨床発達心理士
東京学芸大学教育学研究科修了。東京都立大塚ろう学校教諭、長野大学非常勤講師、信州上田医療センター心理療法士などを経て現職。

【装丁】
有泉武己

学校における場面緘黙への対応
――合理的配慮から支援計画作成まで

©2017

2017年3月10日　初版第1刷発行
2022年7月1日　初版第4刷発行

著　者　高木潤野
発行者　杉本哲也
発行所　株式会社　学苑社
　　　　東京都千代田区富士見2-10-2
　　　　電話(代) 03 (3263) 3817
　　　　fax.   03 (3263) 2410
　　　　振替 00100-7-177379
　　　　印刷・製本　藤原印刷株式会社

検印省略

乱丁落丁はお取り替えいたします。
定価はカバーに表示してあります。

ISBN978-4-7614-0788-9　C3037

臨床家のための場面緘黙改善プログラム

高木潤野 著●B5判／定価2530円

研究成果に基づいた「本人との共同作業で行う」プログラムを詳細に解説。「話せるようになりたい」という思いに応える1冊。

幼稚園や学校で話せない子どものための 場面緘黙支援入門

園山繁樹 著●四六判／定価1760円

場面緘黙の子どもたちが経験する「困った場面」の解消方法や、「話せる」に向けた具体的な支援を紹介する。

どうして声が出ないの？
▼マンガでわかる場面緘黙

金原洋治 監修　はやしみこ 著　かんもくネット 編
●A5判／定価1650円

「なぜ声が出ないのか、どうすればよいのか」を具体的にマンガで説明。適切な対応の手引き書となる。

場面緘黙Q＆A
▼幼稚園や学校でおしゃべりできない子どもたち

かんもくネット 著　角田圭子 編●B5判／定価2090円

72のQ＆Aをベースに、緘黙経験者や保護者らの生の声などを載せた110のコラム、そして17の具体的な実践で構成。

場面緘黙支援の最前線
▼家族と支援者の連携をめざして

B・R・スミス／A・スルーキン 編　J・グロス 序文　かんもくネット 訳
●A5判／定価3960円

場面緘黙における最新の海外研究結果を踏まえ、最も効果的な支援の方向性を示した。

かんもくの声

入江紗代 著●四六判／定価1760円

誰にも話せなかった場面緘黙の悩み、話したくても伝わらなかった言葉。「あなたは孤独ではない」と著者は語りかける。

なっちゃんの声
▼学校で話せない子どもたちの理解のために

はやしみこ ぶんとえ　金原洋治 医学解説　かんもくネット 監修
●B5判／定価1760円

「どうしていつもしゃべらないの？」子どもたちの疑問にやさしく答える絵本。場面緘黙を理解するための医学解説も収録。

先生とできる場面緘黙の子どもの支援

C・A・カーニー 著　大石幸二 監訳　松岡勝彦・須藤邦彦 訳
●A5判／定価2420円

短時間で記入できる質問紙やワークシートによる評価方法、行動理論に基づいたアプローチによる解決方法について。

親子でできる引っ込み思案な子どもの支援

C・A・カーニー 著　大石幸二 監訳●A5判／定価2420円

引っ込み思案を克服するためのワークシートを活用した練習方法、ソーシャルスキルやリラクセーションなどを紹介。

子どもの吃音 ママ応援BOOK

菊池良和 著　はやしみこ イラスト●四六判／本体1430円

吃音の誤解と正しい情報を知れば、子どもの接し方がわかり、子どももママも笑顔が増えること間違いなし。

自分で試す 吃音の発声・発音練習帳

安田菜穂・吉澤健太郎 著●A5判／定価1760円

吃音の理解を深め、余分な力を抜いたゆっくりな話し方を日常の困った場面で使えるようにするための書。

〒102-0071 東京都千代田区富士見 2-10-2　**学苑社**　TEL 03-3263-3817　FAX 03-3263-2410
https://www.gakuensha.co.jp/　info@gakuensha.co.jp　税10%込みの価格です